KB270793

소셜커머스 창업
7일 만에 끝내기

Seven Days Master Series

소셜커머스 창업

7일 만에 끝내기

· 김선태 외 지음 ·

7

살림

　　요즘 사람들은 반값에 고급 레스토랑에서 식사를 하고, 책을 구입하고, 스포츠센터를 등록한다. 이 모든 것이 전자상거래와 소셜네트워크서비스(SNS)의 결합으로 탄생한 소셜커머스(쇼셜 쇼핑) 덕분이다. 이제 소셜커머스는 단순한 열풍을 넘어 소비자들의 소비 형태와 습관을 변화하게 하는 하나의 쇼핑 흐름으로 자리잡았다고 해도 과언이 아니다.

　　소셜커머스는 신개념의 쇼핑몰 형태로, 스마트폰과 SNS의 성장으로 단연 두드러졌다. 정보통신정책연구원(KISDI)에 따르면 2011년 5월 기준 국내 소셜커머스 업체는 약 500여 개에 이른다고 한다.

이렇게 소셜커머스 창업자들이 증가하고 있는 데는 소비자의 니즈(Needs)와 가장 부합되는 사업 분야이기 때문일 것이다. 실제로 직장인 10명 가운데 7명이 소셜커머스에 가입했고 가입한 사이트 개수가 평균 1개 내지 3개 이상이라는 통계가 있을 정도다. 국내 소셜커머스의 올해 매출액은 500억 원을 기록한 지난해에 비해 10배 가량 증가할 것으로 예상되고 있다.

업계에서는 소셜커머스의 경제 모델이 아주 다양한 형태로 나타나면서 지금보다 빠른 속도로 성장할 것으로 기대하고 있다. 지금도 많은 사람들이 성공을 꿈꾸며 '소셜커머스 창업'에 도전장을 내밀고 있다. 하지만 소셜커머스가 국내에 유입된 속도가 너무 빨라 일반인들의 소셜커머스에 대한 이해가 부족한 실정이다. 게다가 소셜커머스 창업을 위해 무엇을, 어떻게 준비해야 하는지 알기란 더욱 쉽지 않은 일이다.

『소셜 커머스 창업 7일 만에 끝내기』는 이런 점에서 예비 창업자들에게 큰 도움이 될 것으로 기대한다. 이 책은 소셜커머스 창업에 필요한 모든 내용을 수록하고 있다. 특히 아이템을 선정하고 무료 솔루션을 이용해 사이트를 구축하고 유지·보수하는 실용적인 내용들이 상세히 기록되어 있다. 또한 카페24 소셜커머스 솔루션을 활용해 실제 운영에 필요한 다양한 노하우들도 자세히 설명하고 있어 많은 도움이 될 것이다.

　소셜커머스의 경제적 잠재력은 블루오션 그 자체로 평가되고 있다. 소셜커머스 창업을 꿈꾸는 예비 창업자들에게 훌륭한 지침서가 되기를 진심으로 바란다.

심플렉스인터넷(카페24) 대표이사 이재석

소셜커머스가 창업 열풍을 주도한다

불과 1~2년 전만 해도 반값에 물건을 살 수 있는 것은 싱싱하지 않은 과일, 제품 하자가 발생한 브랜드 의류 정도였다. 언감생심 제대로 된 물건을 반값으로 산다고 생각이나 할 수 있었을까?

그런데 이런 불가능한 일이 지금 한국에서는 일상사가 되었다. 미국의 그루폰이 한국에도 상륙했고, 이로 인해 온라인 쇼핑몰에만 집중되어 있던 소비 형태에 큰 변화가 생겼다. 이는 트위터, 페이스북까지 소셜네트워크 서비스가 일반화되어 새로운 쇼핑 바람이 퍼지고 있다.

실제로 소셜커머스에 푹 빠진 사람들은 아침에 출근하자마자 소셜커머스 사이트를 확인하고 애플리케이션을 통해서도 소셜커머스 사이트에서 어떤 물건을 파는지 수

시로 확인하곤 한다.

이렇게, 소비 형태와 습관이 변하면 창업도 이에 맞추어 고민해야 한다. 이제까지 이루어졌던 일반적인 온라인 쇼핑몰의 창업 방식으로는 소셜네트워크 서비스가 일반화되어 있는 시장에서 성공하기 어렵다. 더 많은 시간과 자본을 투입할 여력이 되면 모를까, 소규모 자본으로는 새로운 홍보를 꾀하기도 어렵기 때문이다.

따라서 막대한 광고를 시행하지만, 효과를 보지 못하고 있는 기존 쇼핑몰 운영자, 트렌드에 맞는 새로운 창업을 하고 싶은 사람, 기존의 쇼핑몰과는 차별화된 쇼핑몰을 운영하고 싶은 사람에게는 소셜커머스 창업을 권한다.

소셜커머스는 기존의 온라인 쇼핑에서 지불하는 키워드 광고료, 오픈마켓 입점료, 수수료 등 각종 비용마케팅과는 달리, 적은 자본과 주변의 입소문으로 매출을 최대한 끌어올릴 수 있기 때문이다.

하지만, 막상 소셜커머스를 통해 창업하려고 해도 정작 무엇부터 시작할지 막막하기만 하다.

이 책은 직접 소셜커머스 사이트를 만들고 운영하는 사람들에 초점을 맞췄으며, 소셜커머스 창업에 필요한 모든 내용을 담고 있다.

　자신에게 가장 잘 맞는 아이템 기획에서 창업계획서 작성과 사업신고 요령 그리고 소셜커머스의 핵심이 되는 업체 제휴와 정산, 제휴계약서 작성요령 등 사업을 시작하기 전 준비해야 할 사항을 빠짐없이 정리했다. 또한 본격적인 사이트 구축을 위하여 카페24 솔루션을 이용하여 소셜커머스 사이트를 디자인하는 방법도 소개했다. 그리고 이렇게 만든 소셜커머스 사이트를 트위터와 페이스북, 유투브 등으로 입소문 내는 방법과 이벤트 활용법, SNS 활용법에 이르기까지 소셜커머스의 창업에서 운영까지의 모든 내용을 담고 있다.

　매일 아침 고객들의 일상이 되는 멋진 소셜커머스 사이트를 만들고 싶거나 주변의 좋은 물건이 홍보만 되면 더 잘될 것 같다는 생각이 있다면, 또는 SNS를 통해 많은 지인을 확보하고 활발한 관계를 맺고 있다면, 이 책을 보고 소셜커머스를 직접 운영하고 만들어 나가길 바란다.

　이 책을 집필하는 동안 같이 노력한 차송이, 반명화, 강봉수님과 소셜커머스를 몸소 집에서 쇼핑으로 보여 준 아내 홍정순, 물심양면으로 도와주신 ㈜심플렉스인터넷 관계자께 감사의 말씀을 전한다.

김선태

contents

Seven Days Master Series

새로운
쇼핑몰
패러다임.
소셜커머스

소셜커머스, 어떻게 활용하고 대처할 것인가?

소셜커머스의 시작, 그루폰

2011년 공개된 그루폰(Groupon)의 기업 가치는 250만 달러(약 28조 원)에 육박하는데, 이는 인터넷 최고 기업인 구글(Google)을 뛰어넘는 것이다. 그만큼 값어치를 인정받고 있는 셈인데, 이 그루폰이 우리나라에도 상륙했다.

그루폰은 'Group+Coupon'의 합성어로 말 그대로 그룹을 모집해서 할인된 쿠폰을 나눠준다는 뜻이다. 그루폰을 만든 앤드루 메이슨(Andrew Mason)은 프로그래머 출신으로 여러 사람이 모이면 문제 해결이 쉽다는데 착안하여 회사를 창업했다. 최초의 쿠폰은 자신의 회사에

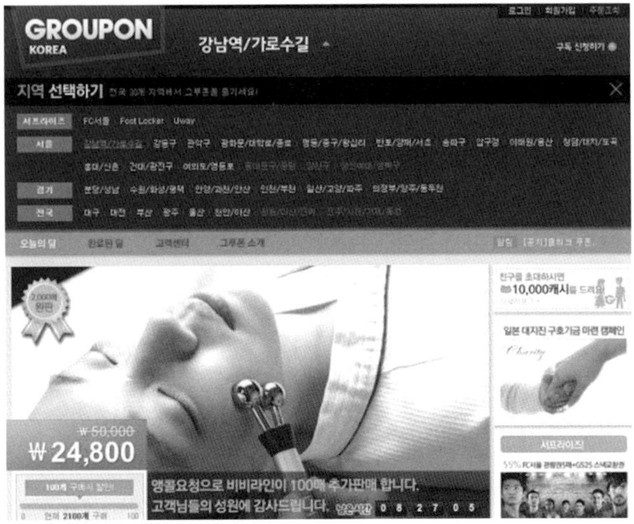

그루폰(http://www.groupon.kr)

입주해 있던 피자가게에서 피자를 반값에 구입할 수 있는 쿠폰이었다.

이후 본격적인 서비스는 2008년 11월, 의류 브랜드인 갭(Gap)의 50달러짜리 상품권을 반값에 할인 판매하는 것이었는데, 상품권은 무려 44만 장이나 판매되었다. 이후 그루폰의 매출은 1년 반 만에 3억 5,000만 달러에 육박했을 정도로 빠르게 성장했다.

'소셜미디어 + 공동구매 + LBS(지역별 서비스) + 광고'를 제대로 결합한 그루폰은 현재 모든 소셜커머스의 대

그루폰 모바일 페이지

표 주자이면서 동시에 업계 표준으로 자리매김하고 있으며, 전 세계 44개국에 진출해 6,000만 명이 넘는 가입자를 가지고 있다.

그루폰의 이용자를 살펴보면 20대에서 30대 중반이 60~70%, 30대 중반에서 40대 중반이 20%로 대부분 정보에 밝고 인터넷 사용률이 높은 젊은 층이다. 또한 전체의 70% 이상이 여성으로 가격에 민감한 여성들이 상대적으로 비율이 높았다.

이런 인기를 반영하듯 중국에서는 3개월 만에 그루폰과 비슷한 형태의 소셜커머스 사이트가 400여 개 이상 등장했다고 하니 향후 소셜커머스 시장의 붐이 얼마 정도일지 예상할 수 있다.

최근 한국에서도 소셜커머스 사이트가 많이 만들어지고 있는데, 대표적인 사이트가 티켓몬스터와 쿠팡이다.

그루폰 지하철 광고

이미 티켓몬스터는 창업 첫해인 2010년에 매출 100억 원을 가뿐하게 돌파했다. 불붙은 소셜커머스 시장에 그루폰이 상륙해서 또 다른 지각변동을 예고하고 있는데, 아직은 그 효과가 미미하다고 한다.

공동구매형 소셜커머스

소셜커머스는 소셜미디어를 기반으로 한 쇼핑인 만큼 소셜미디어가 합쳐진 모든 형태를 소셜커머스라고 부를 수 있으며, 사업유형에 따라 공동구매형, 기존 쇼핑몰 +

SNS, F커머스로 나눌 수 있다. 각각의 유형은 특색이 있다. 하지만 쇼핑몰 서비스를 하는 데 있어 어떻게 활용할지는 서비스 활용 여부와 현재 자신의 상태를 점검해 볼 필요가 있다.

공동구매형 소셜커머스는 일반적으로 우리가 가장 많이 보는 소셜커머스 형태이다. 그루폰과 티켓몬스터가 대표적이며, 가장 큰 특징은 일정기간 동안에 목표로 한 소비자가 모일 경우 공동구매 형태로 가격을 할인하는 형태로 흔히 '반값 쇼핑몰'로 불린다.

공동구매형 소셜커머스는 구매자가 모여서 가격을 낮추는 만큼 공산품뿐만 아니라 서비스까지 업종이 다양한 것이 특징이고, 서비스의 경우 직접 방문해야 하기 때문에 각 지역별로 상품이 다른 것이 특징이다.

기존의 쇼핑몰과 서비스 차이점

· **기존 쇼핑몰**
제품 사입 → 판매 페이지 제작 → 광고 게재 → 판매 시작 → 배송 → 재고 확인

· **공동구매형 소셜커머스**
판매 제품 확인 → 주변 업체와 딜(deal) 또는 할인가격 확인 → 판매 페이지 제작 → 공동구매 고객 모집 → 고객 확보 → 마감 및 쿠폰 발행 → 업체 또는 제품, 서비스 확인

또한 정해진 시간에 공동 구매자를 확보해야 하는 긴박감이 있어, 반값으로 구매하려는 고객들은 자발적으로 자신의 소셜미디어를 통해서 정보를 알리는 것이 특징이다.

1) 그루폰

2011년 3월, 한국에 상륙한 세계 최대 소셜커머스 업체인 그루폰은 아직까지 티켓몬스터, 쿠팡 등과 크게 다르지 않다. 하지만 앞으로 그루폰이 한국에서 어떤 서비스를 할지 글로벌 연계는 어떻게 진행할지 여부에 따라 소셜커머스 업계에 전운이 감돌만큼 그 영향력은 크다.

그루폰 지역상품

2) 티켓몬스터

2010년 초, 신현성이라는 청년이 그루폰의 폭발적인 성장을 보고 그루폰과 같은 모델의 소셜커머스를 한국에서 서비스를 하려고 시도했다. 2010년 5월, 젊은 패기를 앞세워 사무실 겸 숙소에서 처음으로 상품 판매를 시작했고, 지금은 국내 1위 소셜커머스 업체로 성장하게 됐다.

아마도 소셜커머스가 생소했던 시절, 이들이 영업을 다니고 사람들에게 설명하지 않았다면 소셜커머스 시장은

티켓몬스터의 대표적인 판매 사례인 이천 테르메덴 온천 이용권

지금처럼 활성화되기 힘들었을 것이며, 그루폰에 의해 지금에서야 문이 열렸을 것이다.

현재 티켓몬스터의 매출액은 100억 원이 넘으며, 직원은 100여 명에 이른다. 티켓몬스터의 특징은 티몬토크, 티몬후기 등 고객이 질문을 올리면 담당자가 답변을 올리는 게시판과 업체 방문 전 사전질문을 받고 응답하는 게시판을 두어 고객과의 커뮤니케이션을 최우선으로 한다는 데 있다.

3) 쿠팡

쿠팡은 2010년 10월에 서비스를 오픈했으며, 최근 이나영과 김현중을 모델로 쓸 정도로 공격적인 마케팅 전략을 펴고 있다. 쿠팡은 공연과 문화 중심의 콘셉트로 20대 중반에서 30대 중반 여성이 타깃이며, '세상을 즐기는 반값 아이디어'라는 슬로건처럼 다양한 반값할인을 경험할 수 있다.

매출은 티켓몬스터, 위메이크프라이스에 미치지 못하지만, 공격적인 전략으로 시장 점유율을 높이고 있다.

쿠팡의 대표적인 판매 사례인 크라제 버거 50% 할인쿠폰

4) 위메이크프라이스

　최근 광고를 통해 소셜커머스를 많이 알리려고 노력하는 업체 중 하나이다. 이름이 다소 부르기 어려워 줄여서 '위메프'로 부른다. 쿠팡과 마찬가지로 2010년 하반기에 서비스를 시작했으며 매출액으로는 쿠팡에 비해 높은 편이다.

　에버랜드 자유이용권의 반값 할인으로 소셜커머스 업계를 떠들썩하게 한 적이 있다. 수수료 면에서 티켓몬스

위메이크프라이스의 대표적인 판매 사례인 에버랜드 자유이용권

터와 쿠팡에 비해 가장 적은 수수료율을 유지하고 있어 업체들의 입장에서는 선호도가 높은 편이다.

공동구매형 소셜커머스를 통해 창업하고자 한다면, 기존의 소셜미디어 활용도와 소셜미디어 친구는 얼마나 되는지, 이벤트는 잘할 수 있는지를 면밀히 검토해야 한다.

만약 아래의 검토사항 중 자신 있는 것이 2가지 이하이거나 2가지 이상 만들 자신이 없다면 공동구매형 소셜커머스보다는 직접 물건을 사입하고 거래를 할 수 있는 쇼핑몰 판매를 하는 것이 좋다. 물론 2가지 이상 필요충분조건이 되고 잘할 수 있다면 공동구매형 소셜커머스도 할 만하다. 이벤트와 홍보, 광고 영업만으로 충분히 시장 사이즈가 있으며, 팔 물건들은 많지만 물건을 홍보하고 유통시키는 것은 끼 있는 사람들의 몫이기 때문이다.

- 이벤트를 통해 물건을 팔거나 영업하는 것에 자신이 있다.
- 이벤트 기획 등을 통해 TV 쇼핑과 같은 긴장감으로 판매 계획을 세우고 소셜커머스를 만들고 싶다.
- 영업에 대한 경험과 주변 지인들이 많다.
- 소셜미디어의 활용도가 높고 팔로워(follower)와 페이스북(facebook) 친구들이 많으며, 더불어 블로그 등이 활성화되어 있다.
- 상품 사진을 잘 찍고 상품 설명을 잘할 수 있다.

기존 쇼핑몰 + SNS 연동

기존의 쇼핑몰이 SNS 연동 되는 것은 많은 오픈마켓에서도 볼 수 있다. 물건을 팔면서 친구들에게 알릴 수 있는 소셜미디어로 연계할 수 있는데, 이렇게 간단한 연동만으로도 충분히 소셜커머스의 필수조건은 확보한 셈이다.

페이스북, 트위터(Tweeter) 등의 소셜미디어 버튼을 클릭하면 바로 상태 업데이트 또는 트윗(Tweet) 상태로 화면이 전환된다. 이렇게 기존 사이트 또는 기존 전자상거

쇼핑몰 SNS 연동

래 사이트에 페이스북 또는 트위터를 연동하는 방식은 각각의 오픈 API 사이트를 통해 여러 가지로 가공하고 사용할 수 있다.

기존 쇼핑몰을 잘 활용하고 장사가 잘된다면 굳이 공동구매형보다는 소셜미디어를 잘 활용하는 방법이 좋다. 물론 홍보나 마케팅보다 꾸준히 아이템을 가지고 장사를 시작할 사람에게도 기존 쇼핑몰의 공동구매형 소셜커머스보다는 난이도가 쉬운 편이다.

모든 소셜커머스가 공동구매 형태는 아니기 때문에 한두 가지 아이템으로 장사를 시작하는 사람들도 약간의 공동구매형 형식을 빌려 소셜커머스로 쇼핑몰을 운영할 수 있는데, 이러한 맥락에서 본다면 원어데이몰(one a day mall; 하루에 한 가지 상품을 파는 쇼핑몰) 개념의 쇼핑몰 창업은 기존 쇼핑몰과 SNS를 활용한 소셜커머스라고

페이스북에 쇼핑몰과 연동된 상품 올리기

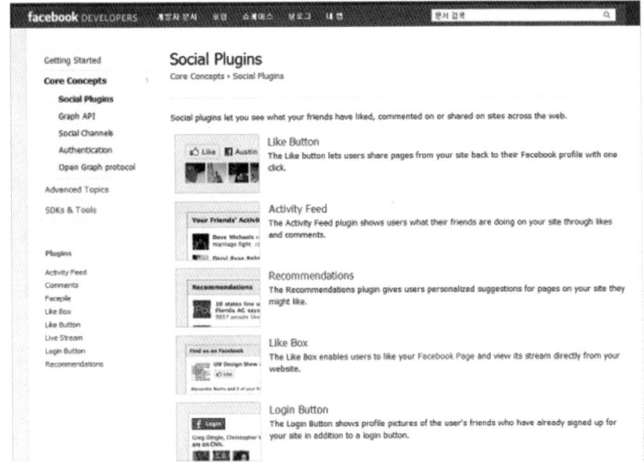

페이스북 소셜플러그인 페이지
(http://developers.facebook.com/docs/plugins)

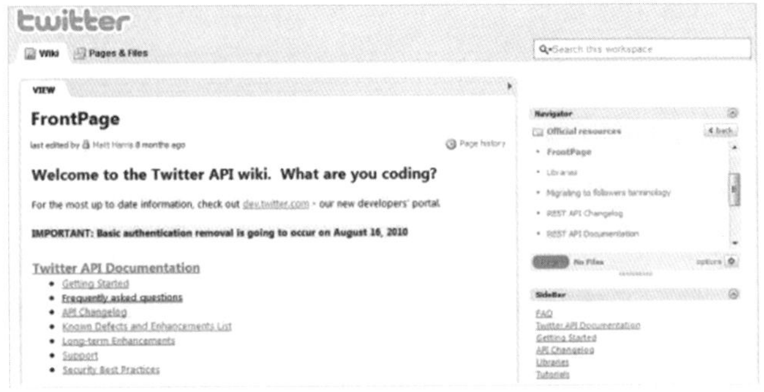

트위터 API 페이지
(http://apiwiki.twitter.com/w/page/22554648/FrontPage)

step 1. 새로운 쇼핑몰 패러다임, 소셜커머스

할 수 있다.

소셜미디어를 활용한 소셜커머스는 광고비용을 절약하려는 사람들이나 아이템을 입소문으로 더욱더 확장시키고 활성화시키려는 사람들이 선택하는 아이템이다. 따라서 활용만 잘한다면 큰 광고비용을 들이지 않고서도 소셜미디어만으로 충분한 광고효과를 낼 수 있다.

이를 위해서는 소셜미디어에 기본이 되는 블로그, 페이스북, 트위터 등을 만들고 브랜드를 키우고 참여를 유도하기 위한 많은 이벤트 또한 필수적이며, 자신만의 스토리텔링도 만들어야 한다.

F커머스 또는 소셜 직접 연동판매

페이스북커머스를 F커머스라고 하며, 소셜의 근간이 되는 소셜커머스의 궁극적인 모습을 F커머스라고 보고 있다.

현재 F커머스를 적극적으로 사용하고 있는 업체는 스타벅스, 델 등이 있으며 국내에서도 여러 가지 시도가 일어나고 있다. 구축 방법은 페이스북의 홈페이지를 활용하는 것으로 대표적인 빌더는 페이브먼트가 있으며, 구축 방법도 비교적 쉽고, 상품 등록, 장바구니, 결제 모듈, 공동구매, 팬(fan) 할인 이벤트 생성 기능까지도 제공한다. 다만 현실적으로 국내에 적용해서 쓰기에는 어려움이 있는데, 아직까지 국내 결제가 지원되지 않기 때문이다. 또한 팬페이지 중심으로 한 F커머스가 의미가 있으므로 팬이 많지 않다면 F커머스를 운영해도 큰 효과를 볼 수 없다.

물론 팬이 많은 페이스북 사용자들에게는 더없는 기회를 열어줄 것으로 예상이 되는 것이 F커머스이기는 하다. 따라서 페이스북을 하고 있다면 친구관리에 각별히 신경을 써야 한다. 잘 가꾼 친구 한 명이 큰 도움이 되는 것이 F커머스의 특징이다.

페이스북에서의 즉시 연동 시스템은 가장 각광받는 모델이지만 반대로 페이스북을 사용하지 않는 고객들에게는 폐쇄적이어서 기존의 그루폰과 티켓몬스터와는 또 다른 형태이다. 하지만 그럼에도 불구하고 F커머스는 전 세계 6억 명을 잠재 고객으로 상대할 수 있기 때문에 충분히 매력적인 시장임에는 틀림이 없다.

아직까지 F커머스는 본격적으로 국내시장에 도입된 단계는 아니다. 하지만 F커머스가 향후 소셜커머스를 장악

F커머스의 대표적인 예 – 나이키와 스타벅스

할 것이라는 것은 이미 많이 거론이 된 바 있다. 그만큼 매력적인 소셜커머스이자 말 그대로 소셜커머스가 되는 것이 페이스북을 기반으로 하는 F커머스이다.

국내 F커머스는 현재 결제문제 등으로 활성화되고 있지 않지만 어느 정도 표준안이 확정되면 그 이후에는 무서운 속도로 성장할 것이 예상된다.

아직은 이른 시장이지만 충분한 시장이라고 판단이 된다면 페이스북 친구들을 많이 만들어 기존 쇼핑몰 또는 소셜커머스에 충분히 활용을 하고 쇼핑몰 곳곳에 '좋아요' 버튼 등을 만들어 활용할 필요가 있다.

이렇게 많이 모은 친구들을 기반으로 F커머스가 완벽하게 오픈이 될 때 진입장벽 자체를 낮출 수 있으며, 다른 경쟁자들에 비해 훨씬 더 유리한 입장에서 시작할 수 있기 때문이다.

공동구매형 소셜커머스,
업체 제휴가 관건이다

기존 쇼핑몰과는 성격이 다르다

소셜커머스는 여러 가지 형태가 있지만 최근 소셜커머스를 통해 창업을 준비하는 분들은 대부분 공동구매 형태의 쇼핑몰 서비스를 준비하고 있다. 그런데 공동구매 형태의 쇼핑몰 창업은 다음과 같은 점에서 기존 쇼핑몰 창업과는 성격이 다르다.

① 기존 쇼핑몰은 물건을 파는 곳이지만, 소셜커머스에서 주로 파는 것은 대부분 서비스이다. 따라서 서비스 업체를 확보하고, 딜을 할 수 있는 영업망은 필수적이다.

② 서비스 업체 또는 위탁 업체를 대상으로 서비스 페이지를 만들고 홍보할 만큼의 역량을 가져야 한다.

③ 소셜미디어를 능숙하게 다뤄 광고비용을 쓰지 않고 대부분의 소식을 홍보할 줄 알아야 한다.

④ 초기 투자 후 수익이 될 때까지 꽤 많은 시간이 투여된다.

⑤ 소셜커머스는 기존 쇼핑몰처럼 물건을 대신 팔아준다는 서비스 방식이 아니라, 홍보를 대신해 준다는 의미에서 업체에 접근해야 하며, 소셜커머스 업체는 소셜미디어를 이용해 광고비를 들이지 않고 입소문 효과를 봐야 성공이라고 할 수 있다.

공동구매형 소셜커머스의 서비스 방식

공동구매 상품 및 서비스 영업
↓
서비스 업체와 계약 진행
↓
상품 및 서비스 촬영
↓
최소 구매인원 확보를 위한 소셜커머스 업체의 영업활동
↓
목표인원이 확보되면, 쿠폰 확인
↓
업체를 통해 판매가 된 고객수 및 쿠폰비용 확인
↓
해당 서비스 업체 수익금 정산

step 1. 새로운 쇼핑몰 패러다임, 소셜커머스

업체 제휴와 정산 시 주의해야 할 점

공동구매형 소셜커머스 창업을 계획하다 보면 아래와
같은 절차들이 나오게 된다.

· 아이템 기획
· 상품 영업계획 세우기
· 사업자 등록하기(일반과세)
· 통신판매업 신고하기
· 도메인 등록하기
· 소셜커머스 솔루션의 선택
· 소셜커머스 솔루션 구축하기

그런데 막상 이러한 절차를 가지고 사업을 시작할 때
가장 큰 문제는 업체와의 관계이다.

공동구매형 소셜커머스는 업체와 계약한 후 협의된 수
량만큼의 쿠폰을 온라인에서 팔게 된다. 물론 쿠폰의 결
제와 모집은 모두 소셜커머스 업체가 하게 되고, 매출 자
체도 처음에 소셜커머스 업체의 매출로 잡힌다.

만약 이렇게 쿠폰을 받고 돈을 입금 받았는데 업체와
문제가 생기거나 갑자기 업체가 문을 닫거나 하는 뜻하
지 않은 사고가 생겼을 때 문제의 책임은 모두 소셜커머
스 업체가 부담하게 된다. 따라서 소셜커머스 업체에서는
업체 선정에서 계약 그리고 최종 수수료 정산까지의 과

정이 실제 운영에서는 가장 중요한 일이 될 수 있다.

주의해야 할 몇 가지를 다시 한 번 짚어보자.

1) 업체 선정

주변에 상권을 형성하고 오랫동안 서비스를 한 업체를 대상으로 하고, 주변 평판 등을 살펴야 한다. 업체 미팅 후에도 서비스를 위탁하는 업체가 고객을 모으고 광고 비용 대신 소셜커머스를 활용할 의사가 있는지도 충분히 확인해야 한다.

2) 계약서 작성

계약서는 일반적으로 판매대행 계약서를 이용하는데, 여기에는 정산방식, 세금계산서 문제, 수수료 요율, 계약 기간 등을 명시해서 만약에 일어날지 모를 사고에 대비 해야 한다. 추가 계약 시 사업자등록증, 또는 주민등록번 호 확인 및 사본은 필수로 확보해야 하며, 계약서가 원본 임을 확인할 수 있는 도장과 사인도 필요하다.

3) 업체 정산

서비스 업체 입장에서는 쿠폰이 팔리고 종료된 날 모

든 정산 비용을 100% 보내주면 좋겠지만, 쿠폰이 환불될 수도 있고 서비스 업체의 부득이한 사정이 생길 수도 있으므로 가급적 정산은 3회 정도로 나눠서 보내줘야 한다.

이를테면 첫 번째는 쿠폰 판매 마감 후 30%를, 두 번째는 쿠폰 기간 도중에 40%를, 마지막 세 번째는 쿠폰 잔여일이 종료되는 시점에서 30%를 정산한다.

4) 수수료

수수료는 보통 전체 매출의 10~30% 정도로 한다. 그러나 브랜드 가치가 높지 않은 사업 초기에는 10~15% 정도로 협상을 한다. 이때 수수료는 쿠폰이 나간 만큼의 비용에서 정산 받는 비용을 의미한다.

5) 세금계산서

쿠폰 비용의 매출이 100% 소셜커머스 업체의 매출로 잡힐 수 있다. 이렇게 될 경우 실제 수익의 10~20%를 받는 소셜커머스 업체가 부당하게 세금을 모두 부담하게 되는 악순환이 있을 수 있으므로 정산 후 반드시 세금계산서로 거래내역을 남긴다고 업체에 설명을 해줘야 한다.

업체와 지속적으로 관계를 유지하려면?

쿠폰 판매 후 정산이 완료되면 종종 관계를 정리하는 경우가 있다. 그런데 쿠폰 판매 후 구입한 연령층 성비와 어느 날 많이 나갔는지, 소셜미디어상에 남아 있는 고객의 평은 어떻게 되는지, 또는 피드백 받은 내용은 어떤지 등을 간략하게 보고서 형태로 만들어서 계약업체에게 넘겨주면 업체와 지속적인 마케팅 관계를 가져갈 수 있다.

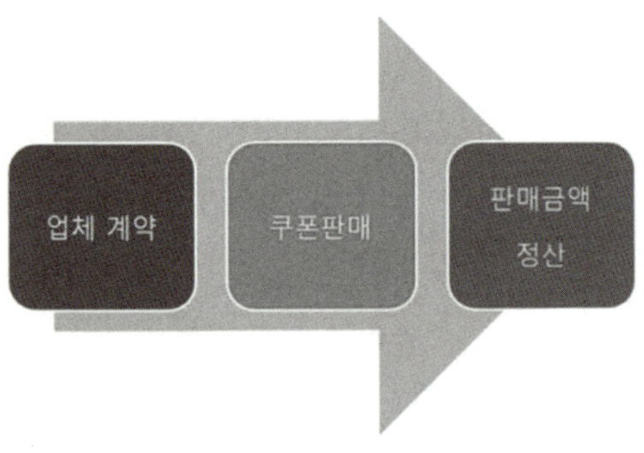

소셜미디어를 활용한 소셜커머스 창업 유형

소셜미디어 한꺼번에 활용하기

소셜커머스 창업에 성공하려면 소셜미디어 활용은 필수적이다. 그런데 소셜미디어의 종류는 너무나 많다. 블로그, 트위터, 페이스북, 미투데이 등 이 모든 것을 한꺼번에 모두 업데이트하는 방법은 없을까? 가장 좋은 방법은 네이버 블로그를 쓰고, 트위터피드(Twitterfeed)를 이용해서 트위터, 페이스북으로 글을 연계하는 방식이다.

트위터피드 사용법은 다음과 같다.

① 트위터피드 사이트(http://twitterfeed.com)를 방문
하고 회원 가입을 한다.

② 블로그 글의 RSS 연동을 위해서 RSS URL을 입
력해야 한다. 네이버 블로그 기준 RSS 주소는 'http://
blog.rss.naver.com/네이버 아이디.xml'이다.

step 1. 새로운 쇼핑몰 패러다임, 소셜커머스

③ RSS 주소 입력이 끝나면 세부설정 메뉴항목을 설정한다. 며칠 또는 몇 시간마다 블로그를 방문해서 새 글을 트위터와 페이스북으로 연결시킬지, 블로그에서 글을 가져갈 때는 제목과 내용을 가져갈지, 아니면 제목만 가져갈지 등 세부설정이 필요하다. 기본값으로 사용해도 무방하다.

④ 설정이 완료되면 사용 가능한 서비스인 트위터와 페이스북에 각각 사용자 아이디를 넣고 인증을 받는다. 인증을 완료하고 'All Done' 버튼을 클릭하면 설정이 완료되고 사용이 가능하다.

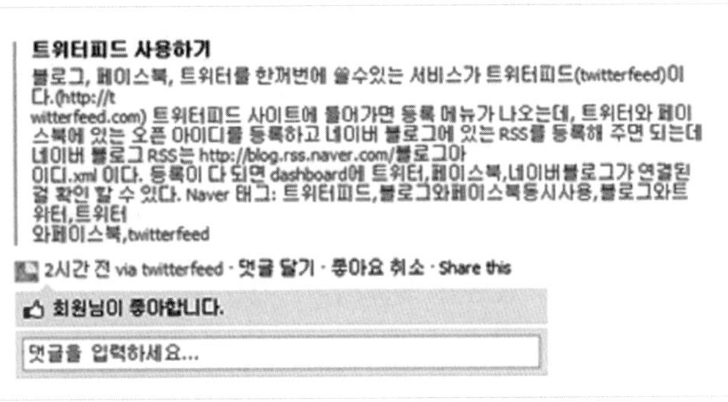

트위터피드를 이용하여 블로그와 페이스북이 연동된 모습

페이스북과 트위터 외에 또 다른 서비스인 미투데이(me2day)는 네이버 블로그의 글 보내기 기능을 이용하면 되는데, 블로그에서 쓴 글은 자동적으로 미투데이와 연동되니 특별한 설정은 필요 없다.

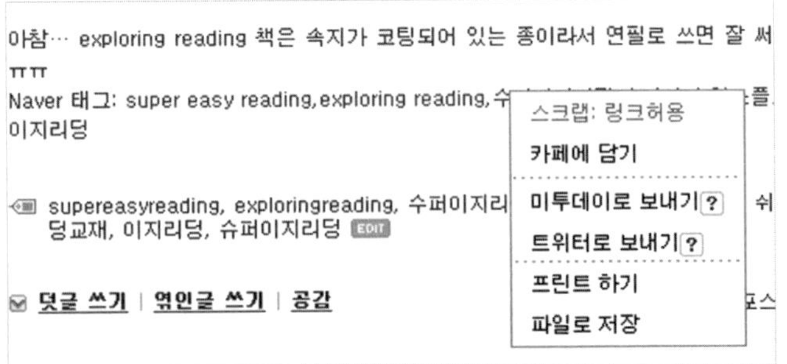

트위터피드를 이용하여 미투데이로 연동하는 모습

step 1. 새로운 쇼핑몰 패러다임, 소셜커머스

미투데이 자동연동은 트위터피드를 거치지 않아도 되고 바로 연동이 되어서 편한데, 한 가지 아쉬운 것은 스마트폰에서 보게 될 경우 블로그 URL을 짧게 줄여주는 자동주소 단축 기능이 없다는 점이다. 그렇기 때문에 전체 URL이 그대로 입력이 되어 상대적으로 글이 들어가는 공간이 작아진다.

블로그를 통한 소셜미디어 글쓰기 통합 방식은 아래와 같은 형태가 된다.

인맥을 통해 입소문으로 승부를 해야 하는 소셜커머스의 소셜미디어 활용에서는 가장 많은 곳에 가장 효율적으로 글을 써서 소문을 내는 것이 성공의 전략이다. 따라서 트위터피드는 소셜미디어를 통한 일관적이고 통일적인 글 전달, 그리고 결과적으로 블로그 하나만 관리하는 것으로 모든 매체의 글을 자동으로 업로드하는 효과가 있어 소셜커머스 관리의 효율성을 높일 수 있다.

Seven Days Master Series

step 2

소셜커머스 창업 준비하기

자신에게 가장 잘 맞는 아이템 기획하기

2011년 최고의 창업 핫 키워드는 소셜커머스이다. 소셜커머스 업체만 해도 1,000개 이상이 생겼으며, 앞으로도 계속 늘어날 전망이다. 이렇게 창업 붐이 일어나는 가운데 경쟁하려면 사업적인 마케팅도 중요하지만, 자신에게 가장 잘 맞는 아이템을 기획하는 것이 중요하다.

일단 소셜커머스 시장 자체에 입문하기에는 어렵지 않다. 그렇지만 만만하게 봐서도 안 된다. 주변을 돌아보면 수많은 아이템이 존재하고 있기 때문에 중소규모의 아이템 틈새시장을 잘 선택한다면 대박행진을 이어갈 수 있을 것이다.

그렇다면 소셜커머스를 창업하는 데 가장 필요한 항목

은 무엇일까? 여러 가지가 있겠지만 무엇보다 중요한 것은 '아이템과 상품 소싱 능력'이다. 그 다음으로 중요한 것이 확신과 끊기이다. 소셜커머스에 팔 수 있는 아이템은 수백만 가지이다. 외식, 미용, 여행, 식품, 의류, 전자제품 등 다양하게 있는데, 이 중에서 아이템을 선정하기는 쉽지가 않다.

아이템을 잘 선정하기 위해서는 몇 가지 아이디어나 요령이 필요한데, 아래의 내용을 검토한 후에 창업 아이템을 결정하길 바란다.

특화된 아이템으로 상품성과 시장성을 확인한다

아이템을 선정함에 있어 제일 먼저 고려해야 할 사항은 아이템의 상품성이다. 상품이 소모성인지, A/S를 해줘야 하는 상품인지, 인기가 있는 상품인지, 인지도가 있는 상품인지 등을 알고 있어야 상품을 선택하기가 쉬워진다. G마켓이나 옥션 등 오픈마켓도 좋고, 다른 소셜커머스 사이트를 벤치마킹해 볼 필요도 있다.

시장성을 파악하기 위해서는 유행의 흐름 및 트렌드를 잘 살펴야 하며, 경쟁업체 또한 파악해 시장의 진입 가능성을 보는 것이 좋다.

소셜커머스 사이트를 보면 거의 비슷비슷하다. 음식, 의류, 공연, 미용, 여행 등 여러 사이트가 있지만 어느 사이트를 들어가 봐도 특화된 서비스가 거의 없다.

하나의 특정 상품을 가지고 특화된 서비스로 가는 것도 빠른 성공으로 가는 지름길이다. 티켓몬스터하면 '티몬 캐릭터', 위메이크프라이스 하면 '블라인드 딜'이라는 단어가 딱 떠오르듯이 브랜드 이미지를 떠올릴 수 있을 만한 아이템을 찾는 것이 중요하다.

커플 전용 소셜커머스, 야놀자닷컴(www.yanolja.com)

아이템에 대한 전문적인 지식이 있어야 한다

아이템에 대한 전문지식 없이 무조건 사이트에 올린다고 상품이 팔리는 것은 절대 아니다. 어떤 업종이든 판매할 아이템에 대한 전문지식을 습득하고 있어야 고객을 설득해 상품을 판매할 수 있다.

오프라인 상점이나 유통망을 확보하고 있다면, 다양한 정보를 고객에게 빠르고 신속하게 전달할 수 있어 고객이 판매자에 대한 신뢰가 쌓이게 된다. 전문지식이 없다면 아이템 선정에도 어려움을 겪을 수 있으며 아이템 선정의 폭이 좁아질 수 있다.

따라서 자신이 좋아하고, 잘 팔 수 있으며, 전문적으로

명품전문 소셜커머스, 바닐라피플스(www.bapees.com)VVIP 고객을 상대했던 전문지식으로 고객들에게 좀 더 안정적이고 싸게 판매하고 있다.

잘 알고 있는 아이템을 선정하는 것이 가장 중요하다. 만약 창업자가 전문지식이 없다면, 전문지식을 갖춘 인력을 고용해 아이템에 대한 판매기술, 노하우 등의 능력을 부지런히 배우거나 이들을 컨트롤할 수 있는지를 검토해야 한다.

돈이 되는 아이템을 선택한다

돈이 되는 아이템을 찾기란 쉽지가 않다. 부지런히 시장동향을 살펴야 하며, 경쟁이 적고, 고객도 많은 아이템을 찾아야 한다. 즉 마진이 커서 수익성이 높은 아이템이거나 독립 아이템이 많은 사업일수록 돈이 되는 아이템이라 할 수 있다.

소셜커머스의 주요 소비 연령대는 주로 20~30대 여성이 많다. 이들의 소비패턴을 정확히 읽고, 판단할 수 있는 감각이 필요하다. 또한 20~30대 여성 외에 남성의 소비패턴도 빨리 읽어 다른 경쟁업체에서 상대하지 않은 남성들만을 위한 타깃을 잡고 아이템을 선정하는 것도 틈새시장을 뚫을 수 있는 방법이라 할 수 있다.

창업에 필요한 계획서 작성 요령

사업비용 책정하기

소셜커머스는 규모에 따라 창업비용이 많이 들기도 하지만, 대체로 적은 비용으로 시작할 수 있는 사업이기도 하다. 자본이 많으면 그만큼 매출을 올리기 쉽지만, 그렇지 않은 경우에는 특화된 서비스로 틈새시장을 노려 적은 돈으로도 많은 매출을 달성하도록 해야 한다.

소셜커머스 사업을 시작하려면 다음과 같은 내용은 꼭 사업비용에 책정해야 하며, 최소 6개월 이상 지속될 수 있도록 책정해야 한다.

1) 도메인 등록비

소셜커머스 사이트 이름을 지었으면, 이름과 비슷한 도메인을 등록해야 한다. 도메인 등록은 후이즈, 가비아 사이트에서 할 수도 있으며, 쇼핑몰 솔루션에서도 도메인 신청을 할 수 있다. 도메인 등록비용은 도메인당 2~3만 원 정도 한다.

2) 소셜커머스 쇼핑몰 솔루션 비용

소셜커머스 쇼핑몰은 무료로도 이용할 수 있지만 무료인 경우 기능이 많지 않아 주로 솔루션을 구입한다. '카페24', 'WISA'에서는 소셜커머스 솔루션을 무료로 제공하고 있으며, '클릭초이스'나 '원데이넷'에서는 유료로 솔루션을 이용할 수 있다.

3) 쇼핑몰 디자인 비용

소셜커머스 쇼핑몰에서 빠질 수 없는 것은 디자인이다. 소셜커머스 솔루션에는 무료 템플릿이 제공되지만, 디자인을 사이트 특색에 맞게 변경하려면 디자인 비용이 추가로 발생할 수 있다.

4) 통신판매업 신고비용

사업자 등록은 무료로 할 수 있지만 통신판매업 신고를 할 때는 면허세 4만 5,000원의 비용이 발생한다.

5) 신용카드 결제 신청비용

신용카드 결제는 PG(Payment Gateway: 결제대행)사에 신청하며, 초기 등록비가 20만 원 이상이 들어간다.

6) 광고비용

소셜커머스 사이트를 열고서 홍보해야 할 광고비를 책정해야 한다. 키워드 광고비용이나 배너 광고, SNS에 광고할 비용 등을 책정해야 한다. 광고비는 고정적이지 않기 때문에 정하기가 쉽지 않다.

7) 사무실 비용

자택이 근무지인 경우에는 비용이 발생하지 않지만 사무실을 마련했다면 비용이 발생할 수 있다.

8) 인력비용

규모에 따라 인력 구성도 다르며, 인력비용도 다르게

책정된다. 같이 일할 인력을 어디에 배치할 것인지 잘 생각하고 뽑도록 한다.

9) 사무용품, 물품비용

컴퓨터, 책상, 의자, 카메라, 조명, 복사기, 프린터 등 사무용품 등의 비용이 들어가며, 인력 구성을 먼저 한 후에 사무용품 비용을 책정하도록 한다.

10) 기타 운영비용

사업계획서 작성하기

사업계획서는 사업을 시작하기 전에 방향성을 잃지 않기 위해서 필수적으로 만들어 보는 것이 좋다. 사업계획서를 만들어 봄으로써 자신이 꾸려갈 사업의 미래 모습을 그려 보는 것도 유쾌할 것이다.

사업계획서를 처음 작성하는 사람이라면 물론 막막하고, 어떤 것부터 작성해야 할지 답답하겠지만, 전체적인 사업 진행 방향과 목표를 미리 정해 둔다면 불필요한 사업비용을 절약할 수 있다. 또한 앞으로 해야 할 일들을 순차적으로 행동함으로써 시간과 돈을 모두 절감할 수 있을 것이다.

사업계획서는 내부적으로는 사업의 시행착오 예방과 사업성 검토를 할 수 있을 뿐만 아니라 외부적으로는 해당 사업과 관련이 된 제휴업체 또는 금융기관, 동업자, 출자자 등에게 제출해 사업에 필요한 자금을 지원받을 수 있는 용도로 쓰일 수도 있다. 그러므로 사업계획서는 사실적이고 현실적으로 작성하여야 하며, 허황되고 비현실적으로 쓰는 것은 좋지 않다.

다음과 같은 방법으로 사업계획서를 작성하면서 성공한 미래를 그려 보도록 하자

1) 어떤 콘셉트로 시작할 것인가?

판매하려는 아이템을 어떤 방식으로 선정하고 소셜커머스 쇼핑몰의 분위기와 전체적인 구성을 그려 본다. 사업

명, 사업목표와 개요 등을 구체적으로 적는다. 경쟁 소셜 커머스 쇼핑몰과 다른 특화된 서비스를 기획하거나 상품 구성을 어떤 형식으로 할 것인지 사업 방향을 제시한다.

2) 시장분석을 통해 시장현황과 전망을 알아보라

선정한 아이템들이 시장에서 잘 팔리는지 구매력을 확인하여 전반적인 트렌드를 조사한다. 앞으로의 시장전망이 좋은지 선정한 아이템을 판매할 목표 시장은 어디인지 구체적으로 적는다. 판매할 타깃도 여자인지 남자인지, 20대인지 30대인지 등 정확하게 잡는 것이 좋다. 고객 분석과 경쟁업체의 분석을 반드시 하자.

3) 얼마의 비용을 투자할 것인지 파악하라

얼마의 투자로 얼마의 이익을 거둘 것인지 예산계획서를 세워 정확한 창업목표를 수립하도록 한다. 소셜커머스 쇼핑몰 솔루션 비용, 각종 신고 비용, 택배사, PG사, 박스 구매, 조직, 인원계획 등 구체적인 비용을 목록으로 작성한 후 월별 매출 규모를 예상하여, 손익이 얼마나 될 것인지 파악한 후 예산비용과 투자비용을 책정한다.

4) 상품을 어떻게 공급받고, 팔 것인가?

확정된 아이템을 어디에서 얼마만큼 구매할 것인지를 계획한다. 처음 소셜커머스를 열 때는 영업사원을 많이 뽑을 수 없기 때문에 어떤 방식으로 아이템을 가져오고, 업체와 제휴할 것인지에 대해 구체적으로 계획해야 한다. 최소 한 달 이상의 아이템을 기획하고, 유통경로를 찾아야 하며, 사진 촬영 및 상품에 대한 가격 및 마진율을 계산해 본다.

5) 홍보를 어떻게 할 것인가?

소셜커머스 쇼핑몰에서 가장 중요한 것은 홍보와 아이템이다. 하루에 수십 개씩 생겨나는 다른 소셜커머스 쇼핑몰과의 경쟁에서 살아남기 위해서는 사이트를 알리는 것에 주력해야 한다. 사이트가 잘되어야 영업사원들도 제휴하기 쉬워지며, 고객이 원하는 아이템을 지속적으로

사업계획서의 필요성

① 사업계획서를 작성함으로써 사업의 시행착오를 예방할 수 있다.
② 초심을 잃지 않게 해주며, 사업목표, 방향을 잡아준다.
③ 설득력 있는 사업계획서는 투자자, 제휴업체, 금융기관 등의 도움을 받을 수 있다.

광고하고, 사이트 유입을 증가시킬 수 있기 때문이다. 고객이 증가해야 매출도 올릴 수 있으므로 홍보는 사업 계획에 있어서 중요한 부분이다.

다양한 이벤트를 제공해 고객의 관심을 이끌어 낼 수 있는 구체적인 마케팅 계획을 세운다. 또한 소셜커머스의

사업계획서 샘플

핵심인 블로그, 페이스북, 트위터 등을 이용한 SNS 마케팅 계획도 세워 본다.

계약서 양식 만들기

계약서는 업체와 계약할 때 필요한 서류이니 반드시 회사양식에 맞게 만드는 것이 좋다. 업체 또는 아이템마다 계약방식이 각각 다르겠지만, 가맹점과 사업자 사본, 입금시켜 줄 통장사본은 필수 서류이니 업체와 계약할 때 서류를 꼭 챙기도록 하자. 가맹점이 작은 경우에는 사업자 대표의 신분증 사본을 받는 경우도 있다.

계약서 양식은 아래와 같이 만들어 회사 사정에 맞게 수정하거나 추가하면 된다.

1) 업무제휴 계약서

업무제휴 계약서는 일반 계약서 양식과 거의 비슷하다. 갑과 을이 계약의 목적과 제휴 형태 내용을 자세히 적어 놓고, 티켓 유효기간, 대금지급, 보증 보장 및 손해배상, 계약기간 등을 작성하는 계약서이다. 소셜커머스 사이트를 운영하는 경우 업무제휴 계약서를 먼저 진행하도록

업무제휴 계약서

ㅇㅇㅇ(이하 "갑"이라 한다)와 ㅇㅇㅇ(이하 "을"이라 한다)은 다음의 사항을 상호 신뢰를 바탕으로 성실하게 이행키로 합의하고 아래와 같이 업무제휴 계약을 체결한다.

제1조 계약의 목적

본 계약은 "갑"이 운영하는 사이트인 http://oooo.co.kr의 제휴사로 참여하는 "을"과의 업무제휴에 관한 제반사항을 규정함에 그 목적이 있다.

제2조 사이트설명

"갑"의 사이트 활성화를 목적으로 공동 마케팅을 전개하며 상품 또는 용역 서비스를 회원 및 일반고객에게 제공하기 위하여 값이 운영하는 사이트에 제휴사로 참여하는 업체와의 업무협약을 체결하는 것을 말한다.

제3조 제휴의 형태

1) "을"은 제휴형태(쇼핑몰 LINK, 배너광고게재, TEXT삽입, 상품검색 삽입, 로고삽입 등)를 선택하여 값과 상호 합의하여야 한다.
2) 본 계약과 관련하여 상기 1)항을 준용, "갑"과 "을"은 ㅇㅇㅇㅇ의 제휴형태에 합의하며 본 제휴방식은 상호간에 동등하게 적용된다.

제4조 제휴형태 게재

1) 제3조에 의거 "갑"은 "을"이 선택한 제휴형태를 "갑"의 사이트에 게재하며 "을"은 게재와 관련한 모든 사항에 적극 협조한다.
2) "갑"이 프로그램 운영상의 필요에 의하여 전산관련 및 기타 제반 지원을 요청할 경우 "을"은 이에 협조하여야 한다.

제5조 서비스 절차

1) "갑"의 회원이 "갑"의 사이트상의 제3조에 정한 "을"과 관련된 여러 형태의 광고방식을 선택하면 "을"의 사이트 해당 화면으로 직접 연결된다.
2) "을"의 사이트로 연결되면 그 시점부터는 "을"은 "을" 사이트 자체 약관에 의거 회원의 모든 요청사항에 대한 서비스를 제공하여야 한다.
3) 상품배송, 취소, 환불, 반품 등의 제반 대고객 서비스와 관련한 업무는 "을"이 처리한다.
4) "을"은 "갑"의 사이트 고객번호를 인지하고 있어야 하며, "갑"의 고객번호가 회원이 물품 구매시 "갑"에게 E-mail 또는 별도의 방법(상호 합의한 방법)에 의해 통보하여야 한다.

하자.

업무제휴 계약서는 처음 제휴할 때 한 번만 계약서를 작성하며, 그 이후에는 물품 위탁 판매 계약서를 작성해 쿠폰 판매 요청 시 이에 관련된 내용만 기재 받아 입점 업체별로 관리하도록 한다.

2) 물품 위탁판매 계약서

물품 위탁판매 계약서는 업무제휴 계약을 한 업체에서 쿠폰 판매를 위탁하는 경우 건별로 작성하는 계약서 양식이다. 업무제휴 계약서를 작성한 업체에 한하여 물품 위탁판매 계약서는 쿠폰을 발행할 때마다 여러 번 작성할 수 있다.

물품 위탁판매 계약서의 내용으로는 위탁한 상품의 종류와 수량, 수수료 및 정산, 기타 판매위탁 계약과 관련된 내용을 기재한다.

물품위탁판매계약서

상품의 제조업자인 ○○○(이하 '갑'이라 한다)와 판매대리상인 ○○○(이하 '을'이라 한다)은
당사자 사이의 물품위탁판매계약을 다음과 같이 체결한다.

제 1 조 갑은 ○○○의 판매를 을에게 위탁하며, 을은 이를 수락한다.

        갑이 을에게 위탁하는 상품의 종류 및 수량은 아래와 같다.

         ① 종류   수량

         ② 종류   수량

         ③ 종류   수량

제 2 조 갑은 을의 청구에 의하여 언제든지 전기의 품종 및 수량을 을에게 공급한다.

제 3 조 을은 갑이 지정한 단가로 위탁물을 판매한다.

제 4 조 위탁물의 판매방법에 대하여 갑은 하등의 이의를 제기하지 않는다.

제 5 조 갑은 위탁물의 판매대가로서 다음 비율에 의한 수수료를 을에게 지급하기로 한다.

         ①   에 대하여   %

         ②   에 대하여   %

         ③   에 대하여   %

제 6 조 을은 매월 ○○일까지 판매물품을 계산 정리하며 그 대금을 매월　일까지 갑에게 송
금한다. 단, 을은 송금시에 각월의 위탁물의 판매실정을 갑에게 보고하여야 한다.

제 7 조 만약 을이 타처로부터 갑의 위탁물과 동종 및 유사한 물품의 위탁판매를 받을 때에는
사전에 갑의 승낙을 얻어야 한다.

제 8 조 본 계약의 존속기간은 계약성립일로부터 ○○년으로 한다.

위 계약을 입증하고자 본 계약서를 2통 작성하여 각각 1통을 보관한다.

년　월　일

제 조 업 자 주 소 :

      회사명 :

      대표자 :   (인)

      연락처 :

판매대리상 주 소 :

      회사명 :

      대표자 :   (인)

      연락처 :

사업 신고하기

사업자 등록하기(일반과세)

회사소개서를 멋지게 작성했다면, 이제 다음 단계인 사업자 등록하기가 남아 있다. 사업자 등록은 사업을 시작한 날로부터 20일 이내에 구비서류를 갖추어 관할 세무서 납세 서비스 센터에서 무료로 접수할 수 있다.

사업자 등록은 간략하게 말하면, 창업자가 이 나라에서 물건을 판다고 신고하는 과정이라 보면 된다. 신고하면 당연히 물건을 판매한 만큼 세금을 내야 한다.

사업자 등록은 사업을 시작하기 20일 전후로 적당한 시기에 내는 것이 중요하다. 너무 일찍 내면 세금을 더 낼 수도 있기 때문이다. 신규 사업자는 사업 개시 전에 사업자 등록을 할 수 있으며, 미리 등록을 한 경우에는 사업 개시 전에 비용 처리가 가능한 부분에서 세액을 공제받을 수 있다. 그렇기 때문에 사업을 개시하기 전에 이것저것 잘 따져보고 세금을 더 내지 않도록 유의해야 한다.

사업자 등록을 하지 않고 사업을 할 경우 아래와 같은 처분을 받을 수 있다.

① 가산세를 물게 될 수 있다.

② 매입세액공제를 받을 수 없다.

③ 세금계산서를 교부받을 수 없어 부가가치세를 공제받을 수 없다.

④ 미등록가산세로 매출액의 1%(간이과세자는 0.5%)를 물게 된다.

개인사업자는 공급가에 따라 일반과세자와 간이과세자로 구분된다. 사업 신고 시 연간 공급액을 고려한 후 과세구분을 선택해 사업자를 등록할 수 있다. 간이과세자는 연간 공급가 예상액이 4,800만 원 미만인 개인사업자이며, 일반과세자는 간이과세 이외의 개인과세 사업자이다.

소셜커머스를 창업하려면 일반과세자로 등록해야만 한다. 소셜커머스 창업은 주로 사업자를 대상으로 하는

데 간이과세자로 등록할 경우에는 부가세 세금계산서를 발행할 수 없기 때문이다. 일반과세자는 매출액의 10%를 부가가치세로 내야 하는 것도 잊지 말아야 한다.

관할 세무서에 직접 방문해 신청하기

사업자 등록을 하기 위해 관할 세무서 민원실에 방문하기 전에 서류를 한 번 더 체크하도록 한다. 사업자 등록을 하기 위해 준비해야 할 서류를 정리하면 다음과 같다.

① 사업자 등록 신청서 1부

상호, 대표자 성명, 대표자 주민번호, 사업장 소재지, 전화번호, 업종, 업태 등의 내용을 작성하면 된다. 신청서는 세무서에 비치되어 있으므로 따로 준비해갈 필요는 없다.

② 사업허가증 사본, 사업등록증 또는 신고필증 사본

법령에 의해 허가를 받거나 등록 또는 신고를 해야 하는 사업의 경우에만 해당된다.

③ 임대차계약서 사본

사업장을 임차한 경우에만 해당된다. 집을 사업장으로 사용하는 경우, 본인 명의로 되어 있는 집이라면 등기부

등본만 첨부하면 된다.

④ 사업장 도면

「상가건물임대차보호법」 제2조 제1항의 규정에 따라 상가건물의 일부분을 임차하는 경우에만 해당된다.

⑤ 신분증

가) 2인 이상 공동사업 시 증명서류

공동사업의 경우에는 공동으로 사업을 한다는 사실을 증명할 수 있는 동업계약서를 제출해야 한다. 2인 이상의 사업자가 공동으로 사업을 영위하는 경우 사업자 등록 신청은 공동사업자 중 1인을 대표자로 하고, 공동사업자 전원을 사업자 등록증에 기재하여 대표자 명의로 신청하면 된다.

나) 재외 국민·외국인 입증서류

여권 사본 또는 외국인 등록증 사본

국내에 통상적으로 주재하지 않는 경우에는 납세관리인 설정 신고서를 제출한다.

다) 미성년자인 경우

사업자 등록에 나이 제한은 없지만, 미성년자가 사업자 등록을 하려면 법정대리인(부모님)의 동의서를 받아야 한다.

[사업자 등록 신청서 양식 – 개인사업자용]

① 접수번호	**사업자등록신청서(개인사업자용)** (법인이 아닌 단체의 납세번호 신청서)		**처리기간** 7(14)일

인적사항

상호(단체명)			(사 업 장)
성명(대표자)		**③ 전화번호**	(자 택)
주민등록번호	－		(휴대전화)
② 사업장(단체)소 재 지			
전자우편주소			

사업장현황

④ 사 업 의 종 류

주업태	주종목	주업종코드	부업태	부종목	부업종코드	**⑤ 개 업 일**	**⑥ 종업원수**

⑦ 사업장 구분 및 면적		도면첨부	**⑨ 사업장을 빌려준 사람(임대인)**			
자가	**⑧** 타가	여 부	성 명(법인명)	사업자등록번호	주민(법인사업자)등록번호	
㎡	㎡					

⑩ 임 대 차 계 약 기 간	(전세)보증금	월 세(차 임)
. . ~ . .	원	원

⑬ 사업자금 내역(전세·보증금 포함)		주 류 면 허	
자 기 자 금	타 인 자 금	**⑪ 면 허 번 호**	면 허 신 청
원	원		여 부

⑫ 특별소비세 (해당란에 ○표)	제조	판매	장소	유흥	연간 공급대가 예상액 **⑭**	원

공동사업자명세

출자금		원	성립일	

성 명	주민등록번호	지분율	관계	성 명	주민등록번호	지분율	관계
	－				－		
	－				－		

서류를 송달받을 장소 신고	국세기본법 제9조 및 동법시행령 제5조의 규정에 의하여 사업장 이외의 다음 장소에서 서류를 송달받고자 신고합니다.
	송달받을 장소 □ 주소지 □ 기타 ( )
	신 고 이 유

신청구분	□ 사업자등록만 신청 □ 사업자등록신청과 확정일자를 동시에 신청 □ 사업자단위신고 · 납부사업자의 종된사업장 선설 □ 확정일자를 이미 받은 자로서 사업자등록신청 (확정일자 번호 :)

부가가치세법 제5조제1항·제25조제3항, 동법시행령 제7조제1항·제74조제4항, 동법시행규칙 제2조제1항 및 상가건물임대차보호법 제5조제2항의 규정에 의하여 위와 같이 사업자등록 [**⑮** □일반과세자 □간이과세자 □면세사업자 □기타단체] 및 확정일자를 신청합니다.

년   월   일

신청인   **⑯** (서명 또는 인)

세무서장 귀하

※ 구비서류 **수수료 없 음**
1. 사업허가증 사본·사업등록증 사본 또는 신고필증 사본(법령에 의하여 허가를 받거나 등록 또는 신고를 하여야 하는 사업인 경우)중 1부. 다만, 행정정보의 공동이용을 통하여 확인할 수 있고, 신고인이 이를 요청하는 경우에 그 확인으로 갈음할 수 있습니다. 이때 수수료는 무료입니다.
2. 임대차계약서사본(사업장을 임차한 경우) 1부
3. 상가건물임대차보호법이 적용되는 상가건물의 일부분을 임차한 경우에는 해당 부분의 도면 1부

※ 기재요령 : 사업장을 임차한 경우 상가건물임대차보호법의 적용을 받기 위하여는 사업장 소재지를 임대차계약서 및 건축물관리대장 등 공부상의 소재지와 일치되도록 구체적으로 기재하여 주시기 바랍니다.
(작성 예) ○○동 ○○○○번지 ○○호 ○○상가(빌딩) ○○동 ○○층 ○○○○호

❶ 접수번호: 전산에 의해 자동 부여되니 입력하지 않아도 된다.

❷ 사업장 소재지: 공동건물, 아파트 등의 경우 동, 호수를 자세히 기재한다.

❸ 전화번호: 지역번호와 함께 기재하며, 사업장이 집일 경우 집 전화번호를 기재한다.

❹ 사업의 종류:

가) 주업태와 주종목 기재

    a. 인터넷판매, 쇼핑몰 등은 '소매'로 기재한다.

    b. 종목은 '인터넷쇼핑몰' 또는 '전자상거래'로 기재한다.

나) 부업태와 부종목이 있을 경우 기재한다.

다) 업종코드란은 기재하지 않아도 된다.

❺ 개업일: 재화 또는 용역의 거래를 개시하는 날을 기재한다.

❻ 종업원 수: 고용계약에 의하여 근로를 제공하고 보수를 받는 자를 기재하며, 본인만 근무하는 경우에는 '0'으로 기재한다.

❼ 사업장 구분:

가) 보유건물인 경우 자가에 'O' 표시를 한다.

나) 임대인 경우 타가에 'O' 표시를 한다.

❽ 사업장 면적을 '평' 단위로 기재한다.

❾ 사업장을 빌려준 사람: 임대인의 경우 해당란에 기재한다.

가) 임대의 경우 임대인의 성명, 주민등록번호를 기재한다.

나) 임대인이 법인인 경우에는 법인으로 기재하고, 자가인 경우 기재하지 않는다.

❿ 임대차 내역: 임대계약기간, 전세금, 월세금 구분 기재(임대인 경우)한다.

⓫ 면허번호 및 면허신청: 인허가 사업의 경우 면허번호를 기재한다.

⓬ 특별소비세 해당 여부: 특정한 물품, 특정한 곳에 입장하는 경우로, 해당되는 경우에 'O' 표시를 한다.

⓭ 사업자금 내역: 법인이 아닌 이상 기재하지 않아도 된다.

가) 자기자금: 전세금 또는 임대보증금을 포함한 사업자금을 기재한다.

나) 타인자금: 은행, 대출금, 사채 등 빌린 자금을 기재한다.

⑭ 연간 공급대가 예상액: 연간 예상 매출액

⑮ 간이과세 적용 신고 여부: 연간 매출을 4,800만 원보다 적게 신고하면 간이과세자 대상이며, 4,800만 원 이상이면 일반과세자가 된다.

⑯ 서명: 본인이 자필로 서명 날인한다.

국세청 홈페이지에서 사업자 등록 신청하기

2010년 12월 1일부터 방문 없이 국세청 홈페이지에서 사업자 등록을 신청하고 발급 받을 수 있다. 국세청은 납세협력비용을 축소하고 납세자 편의 제고를 위하여 인터넷을 이용한 사업자 등록 신청·발급 시스템을 국세청 홈택스(www.hometax.go.kr) 사이트에 구축하여 사용자의 편의를 도모했다. 이곳에서 사업자 등록을 신청하고 사업자 등록증도 납세자가 자신의 프린터로 직접 출력하여 사용할 수 있다.

① 이용 가능 사업자: 개인사업자, 법인사업자(국세청 홈택스에 가입이 되어 있어야 하며, 공인인증서를 보유한 사업자는 이용 가능)

② 이용 가능 시간: 평일 09:00~18:00까지(토요일과 일

요일 및 법정공휴일은 이용할 수 없음)

③ 국세청에서 사업자 등록 신청 방법: 국세청 홈택스에 로그인한 후 '개인사업자 〉 세무서류 신고 신청' 메뉴를 클릭한 후 사업자 등록 신청서를 작성해 신청한다.

통신판매업 신고하기

사업자 등록을 한 후에는 통신판매업 신고를 해야 한다. 쇼핑몰같이 전자상거래를 하는 사업자는 반드시 통신판매업 신고를 하도록 되어 있다. 쇼핑몰 운영허가를 받기 위해서는 '관할 시·군·구청 지역경제과'에 '통신판매업'을 신고해야 하며, 통신판매업 신고를 하지 않을 경우 불이익을 받을 수 있다. 불이익은 영업정지 15일 및 최고 3,000만 원 이하의 과태료가 부과되며, 공정거래위원회로부터 시정조치, 영업정지 등 행정처분을 받을 수 있다. 그러므로 전자상거래를 하는 사업자는 통신판매업 신고를 반드시 해야 한다. 통신판매업 신고 방법을 정리하면 다음과 같다.

각 사업장 소재지에 가서 통신판매업 신고하기

① 통신판매업 대상: 인터넷으로 판매업을 하는 일반과세자(간이과세자의 경우 선택사항)

② 접수 장소: 각 사업장 소재지 관할 시·군·구청의 지역경제과

연매출이 4,800만 원이 넘지 않는 간이과세자의 경우에도 쇼핑몰에 대한 신뢰도를 높이기 위해 신고를 권장한다.

③ 발급: 신청 후 다음 날 발급

④ 신고의무: 일반과세자의 경우 쇼핑몰 하단에 통신

판매업 신고번호를 명기해야 한다.

⑤ 비용: 면허세 4만 5,000원(신고 시 납부. 다음 해부터 매년 면허세를 납부하며, 간이과세자는 면제)

통신판매업 신고를 위한 구비서류

① 사업자 등록증 사본

신고증 교부일로부터 30일 이내에 사업자 등록을 하고 팩스로 사본을 제출한다.

② 법인 등기부 등본

법인의 설립 등기 전에 신고를 하는 때에는 법인 설립을 위한 발기인의 주민등록표 등본이 필요하다.

③ 도장, 신분증

통신판매업 신고 후 발급받은 통신판매업 신고번호를 쇼핑몰 관리자 페이지나 하단 부분에 상점 정보와 함께 입력한다.

통신판매업 신고서를 작성할 때 유의할 사항

① 호스팅 서버의 소재지

쇼핑몰을 사용하는 호스팅회사의 서버 소재지를 적어 주며, 호스팅이 임대형일 경우는 임대업체의 호스팅 서버의 소재지를 적어주며, 별도로 독립형 프로그램을 설치하신 분은 웹호스팅 업체의 서버 소재지를 적는다. 주소를 모를 경우에는 현재 사용하고 있는 쇼핑몰 솔루션 또는 호스팅 업체에 직접 문의한다.

예) '카페24'의 쇼핑몰 솔루션을 이용하는 경우: 서울특별시 양천구 목동 924-4번지 KT-ICC 3층 심플렉스인터넷㈜

② 인터넷 도메인 이름

도메인을 구입한 경우 도메인 주소를 적어준다.

예) http://domain.co.kr , 카페24 ID. Cafe24.com

<table>
<tr><td colspan="3" align="center">□ 통신판매업신고서</td><td align="center">처리기간
3일</td></tr>
<tr><td rowspan="9" align="center">신
고
인</td><td colspan="2">법인명 (상호)</td><td></td></tr>
<tr><td colspan="2">소　재　지</td><td>(전화번호 :　　　　　)</td></tr>
<tr><td colspan="2">대표자 (성명)</td><td>서명㉑　주민등록번호</td></tr>
<tr><td colspan="2">주　　　소</td><td>(전화번호 :　　　　　)</td></tr>
<tr><td colspan="2">전자우편주소</td><td></td></tr>
<tr><td colspan="2">인터넷도메인이름</td><td></td></tr>
<tr><td colspan="2">호스트서버소재지</td><td>(웹호스팅업체에 확인하여 기재합니다)</td></tr>
<tr><td rowspan="2" align="center">참고
사항</td><td>판매방식</td><td>TV홈쇼핑(　), 인터넷(　), 카다로그(　), 신문잡지(　), 기타(　)</td></tr>
<tr><td>취급품목</td><td>종합몰(　), 교육/도서/완구/오락(　), 가전(　), 컴퓨터/사무용품(　), 가구/수납용품(　), 의류/패션/잡화/뷰티(　), 레져/여행/공연(　), 건강/식품(　), 성인/성인용품(　), 자동차/자동차용품(　), 상품권(　), 기타(　)</td></tr>
</table>

전자상거래등에서의소비자보호에관한법률 제12조제1항, 동법시행령 제13조 및 동법시행규칙 제8조제1항의 규정에 의하여 위와 같이 신고합니다.

년　　　월　　　일

신고인 :　　　　　　　(서명 또는 인)

※ 위 신고인과 동일인이 아닐 경우에만 기재합니다.

공 정 거 래 위 원 회
시장 · 군수 · 구청장　귀하

※ 구비서류

1. 사업자등록증 사본 1부(신규로 통신판매업 신고를 하는 경우에는 신고증 교부일부터 30일 이내에 제출합니다)

2. 법인등기부등본 1부(법인인 경우에 한합니다. 다만, 법인의 설립등기 전에 신고를 하는 경우에는 발기인의 주민등록표등본 1부를 제출합니다)

수수료
없　음

210mm×297mm(신문용지 54g/㎡(재활용품))

step 2. 소셜커머스 창업 준비하기

온라인으로 통신판매업 신고하기

통신판매업 신고도 사업자 등록 신청과 같이 인터넷으로 할 수 있다. 그런데 신고는 온라인으로 가능하지만, 신고 서류를 찾을 때는 반드시 방문 수령해야 한다. 통신판매업은 민원24(http://www.minwon.go.kr/)에서 신고가 가능하다.

① 민원24 사이트에 접속한 후 로그인을 한다.

② 상단의 '민원안내'라는 메뉴를 클릭하고, 검색창에서 '통신판매업'을 입력한 후 '검색' 버튼을 클릭한다.

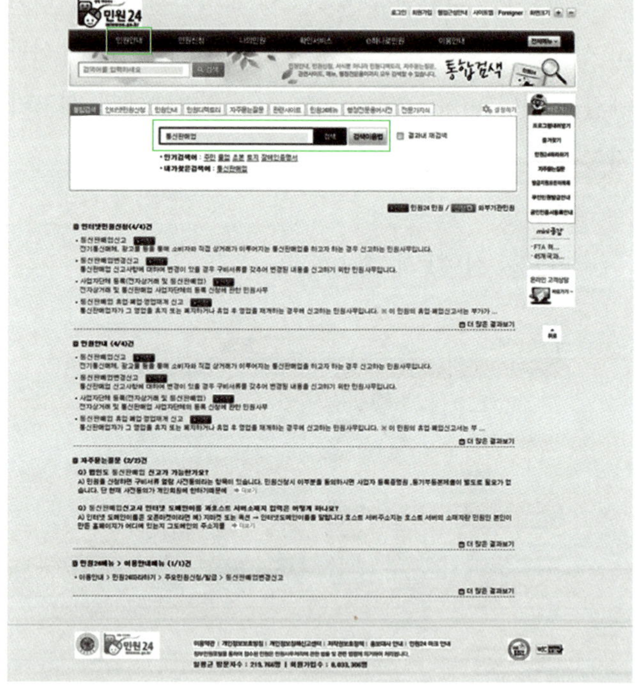

step 2. 소셜커머스 창업 준비하기

③ 검색 결과 중 첫 번째 카테고리에 있는 '인터넷민원 신청 〉 통신판매업 신고 〉 신청' 버튼을 클릭한다.

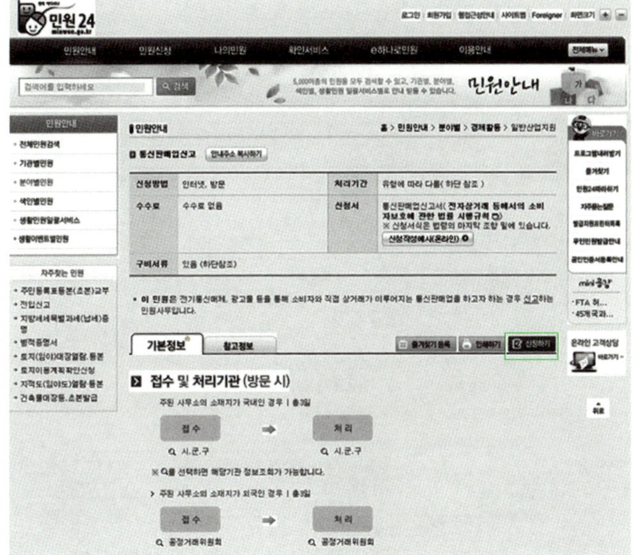

④ '신청 작성 예시'를 참고해 온라인으로 통신판매업 신고를 한다.

통신판매업신고서

신고인	법인명(상호) ☑ * ①	길동상사
	사업자등록번호 ☑ * ②	111 - 11 - 11111
	소재지 ☑ * ③	기본주소: [주소검색] 서울특별시 강서구 화곡동 / 일반 ▼ 123 번지 호 통 반 / 특수주소: 동 호 / 예)월드컵아파트 2002동 4호
	전화번호 * ④	02 - 2222 - 2222
	대표자(성명) *	홍길동 [신고인] ⑤
	주민등록번호 *	123456 - ●●●●
	주소 *	기본주소: [주소검색] 서울특별시 강서구 화곡동 / 일반 ▼ 123 번지 호 통 반 / 특수주소: 동 호 / 예)월드컵아파트 2002동 4호
	전화(대표자) *	02 - 5555 - 5555
	전자우편주소 * ⑥	gdhong@abc.com
	인터넷도메인이름 * ⑦	http://123.456.789.012
	호스트 서버 소재지 * ⑧	기본주소: [주소검색] 서울특별시 강서구 화곡동 / 일반 ▼ 123 번지 호 통 반 / 특수주소: 동 호 / 예)월드컵아파트 2002동 4호
참고사항 ⑨	판매방식 *	☑ TV홈쇼핑 ☑ 인터넷 ☐ 카다로그 ☐ 신문잡지 ☐ 기타
	취급품목 *	☐ 종합몰 ☑ 교육/도서/완구/오락 ☐ 가전 ☐ 컴퓨터/사무용품 ☐ 가구/수납용품 ☑ 의류/패션/잡화/뷰티 ☐ 레저/여행/공연 ☐ 건강/식품 ☑ 성인/성인용품 ☐ 자동차/자동차용품 ☐ 상품권 ☐ 기타
구비서류	법인등기부등본 1부	
	본 신청서에 입력하신 ☑ [상호 또는 법인명] 정보를 이용하여 처리기관에서 열람하게 됩니다	
	사업자등록증원 1부	
	본 신청서에 입력하신 ☑ [사업자등록번호] 정보를 이용하여 처리기관에서 열람하게 됩니다	
수령방법 선택 ⑩	수령방법 *	[검색] 방문수령
	수령기관선택	[검색]
신청일	2006 년 08 월 25 일	

신청 작성 예시 온라인 표

❶ 법인명(상호): 직접 입력한다.

❷ 사업자등록번호: 직접 입력한다.

❸ '주소검색' 버튼을 클릭하여 검색창에서 주소를 선택하고, 아파트나 빌딩의 경우 직접 입력한다.

❹ 전화번호: 직접 입력한다.

❺ '신고인' 버튼을 클릭하여 아래 사항을 자동 입력한다.

- 신고인 대표자(성명) 자동 입력

- 신고인 주민등록번호 자동 입력

- 신고인의 주소 자동 입력

- 신청인 전화(대표자) 자동 입력

❻ 전자우편주소: 직접 입력한다.

❼ 인터넷 도메인 이름: 직접 입력한다.

❽ '주소검색' 버튼을 클릭하여 검색창에서 주소를 선택하고, 아파트나 빌딩의 경우 직접 입력한다.

❾ 참고사항 항목을 선택한다.

- 판매방식 선택

- 취급품목 선택

❿ '검색' 버튼을 클릭해 수령방법, 수령기관 선택한다.

Seven Days Master Series

step 3

완성도 높은 소셜커머스 솔루션 선택하기

소셜커머스 솔루션 유형

　소셜커머스 사이트를 구축하는 방법은 직접 구축하는 방법과 외부 솔루션을 이용하는 방법의 2가지로 나눌 수 있다. 2010년 대한민국 소셜커머스 원년에 창업한 티켓몬스터, 쿠팡, 위메이크프라이스 등 소셜커머스 사이트들은 대부분 직접 프로그램을 개발하여 구축하였다. 직접 구축할 경우 콘셉트에 맞게 다양한 기능을 넣고 오류에 발 빠르게 대응할 수 있는 반면, 개발인력을 고용하고 서버를 직접 관리해야 하므로 초기 자본을 어느 정도 갖추고 있어야 한다.

　이에 반해 외부 솔루션을 이용하면 비교적 적은 자본으로 솔루션을 구축하고 관리할 수 있어서 처음 소셜커머스 사업을 시작할 경우 편리한 방법이다. 외부 솔루션을 이용하여 창업한 후 안정적인 수익이 발생하면, 본격적으로 개발인력을 채용하여 좀 더 특색 있는 소셜커머스를 직접 구축하는 것도 좋은 방법이다.

소셜커머스 솔루션은 서비스 방식과 구현 방식에 따라 각각 2가지씩으로 나눌 수 있다.

서비스 방식에 따른 유형

1) 임대형 솔루션

쇼핑몰 솔루션 개발업체가 만든 서비스를 매월 일정액을 내고 임대해서 사용하는 방식을 말한다. 임대형 솔루션을 선택하면 개발인력을 별도로 두지 않아도 되고, 서버관리와 호스팅을 솔루션 개발업체가 부담하므로 초기 자본이 많이 들지 않는 것이 장점이다.

최근의 중소형 쇼핑몰들이 임대형 솔루션을 이용하는 추세이며, 독립형 솔루션을 이용하던 쇼핑몰들도 임대형 솔루션으로 이동하기도 한다.

2) 독립형 솔루션

독럽형 솔루션은 패키지 형식의 솔루션을 구매하여 별도의 서버에 구축하는 것이다. 독립형을 선택하면 쇼핑몰의 특색에 맞게 추가 기능을 개발할 수 있고, 기존 기능의 커스터마이징도 가능하므로 다른 유사한 쇼핑몰과 차별화할 수 있다.

하지만 개발인력을 별도로 두거나 프리랜서를 고용해서 개발과 관리를 해야 하고, 서버와 호스팅을 별도로 관리해야 하므로 임대형에 비해 고정비용이 필요하다.

독립형 솔루션의 대표주자, 고도몰(http://www.godo.co.kr)

구현 방식에 따른 유형

1) 소셜커머스 전용 솔루션

공동구매 기반의 소셜커머스 전용 사이트를 구축할 수 있는 솔루션이다. 공동구매 외에 일반 상품을 판매하지 않을 경우 전용 솔루션을 이용하는 것이 효율적이다.

카페24의 소셜커머스 전용 솔루션
(http://echosting.cafe24.com/Socialinfo)

2) 모듈 탑재형

카페24나 고도몰 같은 전통적인 전자상거래(Electronic Commerce; EC) 호스팅 사업자들은 기존의 쇼핑몰 솔루션 내에 소셜커머스 기능을 추가할 수 있도록 하였다. 기존 쇼핑몰을 운영하면서 특정 상품에 대해서 이벤트로

step 3. 완성도 높은 소셜커머스 솔루션 선택하기

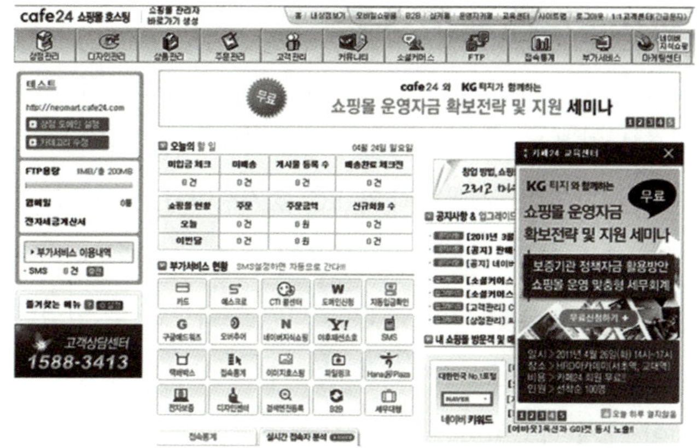

카페24는 일반 쇼핑몰 모듈로 소셜커머스를 제공한다.

반값할인 공동구매를 진행한다면, 소셜커머스 모듈을 탑재한 쇼핑몰 솔루션을 선택하는 것이 좋다.

안정적인 소셜커머스 솔루션 제공업체

2010년 하반기부터 소셜커머스가 붐을 이루자 쇼핑몰 솔루션 서비스업체들도 앞다투어 소셜커머스 솔루션을 내놓기 시작했다. 솔루션 업체마다 기본적인 골격은 유사하지만 제각각 특징들이 있으므로 사업의 방향과 맞는 솔루션을 찾아야 한다. 따라서 국내 대표적인 소셜커머스 솔루션을 알아보는 것은 무엇보다 중요하다.

1) EC 호스팅의 최강자, 카페24

카페24는 10년 동안 웹호스팅과 서버호스팅 사업으로 이룬 노하우를 이용하여 2000년대 중후반부터 EC 호스팅을 시작하여 국내 최대의 EC 호스팅업자로 등극하였다. 국내의 많은 중소규모 쇼핑몰이 카페24의 EC 호스팅을 이용하고 있다. 이렇듯 많은 회원을 확보할 수 있었던 데에는 업계 최초로 임대형 솔루션의 무료화를 선언한 것이 크게 작용했다.

카페24는 2011년 1월 소셜커머스 전용 패키지를 선보였는데, 이 역시 무료로 이용할 수 있다. 2011년 4월에는 기존 쇼핑몰 솔루션 내에 소셜커머스 기능을 포함하여 일반 쇼핑몰에서 반값할인 기반의 공동구매를 할 수 있도록 하였다.

카페24 쇼핑몰(http://echosting.cafe24.com)

step 3. 완성도 높은 소셜커머스 솔루션 선택하기

2) 디자인이 강점인 고도몰

독립형 서비스인 '이나무'를 통해 유명해진 고도몰은 깔끔한 쇼핑몰 관리자 디자인과 최고급 쇼핑몰 기본 디자인을 제공하는 것으로 업계에 정평이 나 있다. 특히 기본으로 제공되는 기본 템플릿 4종은 로고만 바꾸고 그대로 이용해도 무리가 없을 정도의 디자인을 갖추고 있다.

고도몰(http://www.godo.co.kr)

3) 쇼핑솔루션 전문기업, 위사

위사는 창업한 지 6년째인 비교적 신생기업이지만, 쇼핑몰만 전문적으로 다뤄온 쇼핑몰 전문기업이다. 최근에 리뉴얼한 쇼핑몰 솔루션 윙(Wing)은 깔끔한 관리자와 다양한 기능으로 EC 호스팅 업계의 다크호스로 부상하

위사(http://www.wisa.co.kr)

고 있다.

2010년 하반기부터는 소셜커머스와 모바일 웹 지원 분야에 집중하여 최신 기술 트렌드에 누구보다 발 빠른 행보를 보이고 있다.

4) 코스닥 상장기업, 가비아

가비아는 도메인과 호스팅 전문기업으로, 최근 소셜커머스 솔루션을 필두로 쇼핑몰 솔루션 사업에 집중하고 있다. 그전까지도 퍼스트몰이라는 브랜드로 계속 운영하고 있었지만, 이제는 소셜커머스 트렌드에 편승하여 어느 업체보다 발 빠른 행보를 보이고 있다.

step 3. 완성도 높은 소셜커머스 솔루션 선택하기

가비아 쇼핑몰 창업(http://hosting.gabia.com/ec_hosting)

모바일 웹 분야도 집중을 하고 있기 때문에 소셜커머스 패키지와 모바일 커머스를 동시에 운영할 수 있는 것이 특징이다.

소셜커머스 세부구조 엿보기

이벤트 지역 표시

티켓몬스터, 쿠팡, 위메이크프라이스 같은 소셜커머스 서비스들은 모두 중소상공인들을 위한 지역기반 상품(혹은 서비스)을 주로 거래한다. 소셜커머스에서는 음식과 공연 등이 많이 거래되므로 지역기반 서비스는 중요하다. 2010년 초중반까지는 서울 강남권을 중심으로만 이루어졌으나, 소셜커머스 붐이 일어난 이후에는 전국으로 확산되고 있다. 몇몇 서비스는 지역에 특화된 소셜커머스 서비스를 출시하기도 하였다.

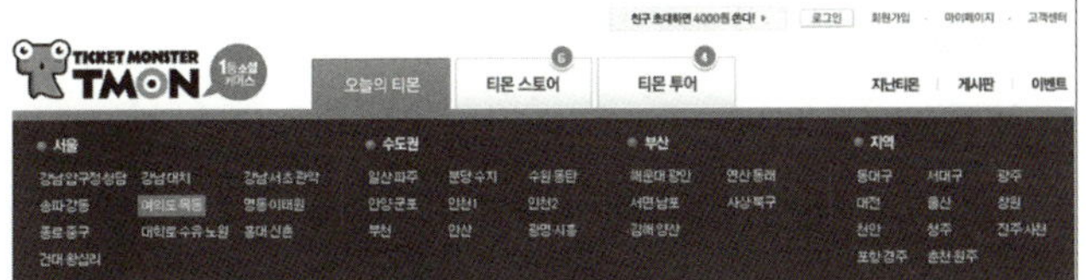

티켓몬스터의 이벤트 지역 표시

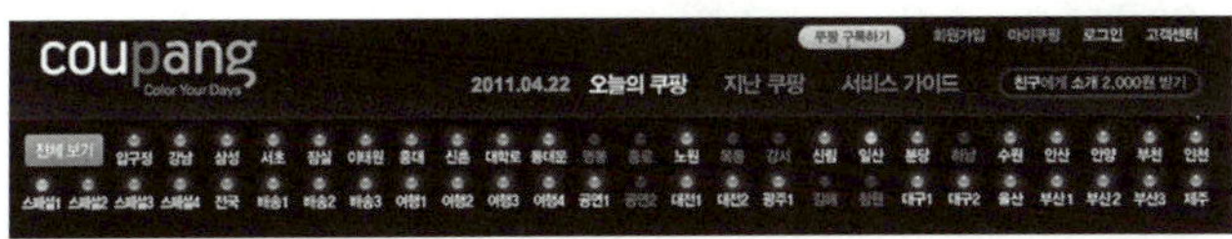

쿠팡의 지역 표시

위메이크프라이스의 지역 표시

당일 거래

대부분 소셜커머스가 하루에 한 가지 상품(혹은 서비스)을 팔고 있다. 티켓몬스터나 쿠팡에 접속하면 현재 진행 중인 딜에 대한 내용이 먼저 나오는 것은 이 때문이다. 거래 중인 상품은 다음과 같은 요소들을 포함하고 있다.

1) 상품 이미지 및 할인금액

상품(혹은 서비스)명과 더불어 그 상품을 가장 잘 표현하는 이미지를 노출한다. 그리고 현재 거래되는 상품에 대한 가격과 할인율, 참여 인원을 확인할 수 있고, 거래에 남은 시간도 볼 수 있다. 쇼핑몰에 따라서 SNS 스크랩 버튼을 함께 포함시키기도 한다.

위메이크프라이스의 상품 이미지와 금액 소개

2) 상품 상세설명

온라인 쇼핑몰에서는 고객이 직접 상품을 확인하고 선택하는 것이 아니므로 상품의 상세한 설명을 얼마나 구체적이고 충실하게 하느냐가 거래 성사에 매우 중요한 요소이다. 특히나 소셜커머스 사이트에서는 대부분 지역 음식점이나 미용실과 같은 지역기반의 홍보 이벤트와 결합된 거래가 이루어지기 때문에, 일반 쇼핑몰 운영보다 더 자세하고 생생한 소개가 필요하다.

티켓몬스터나 쿠팡, 위메이크프라이스 같은 대형 소셜커머스 사이트는 거래 상품을 돋보이게 하기 위해서 자체 모델을 섭외하여 홍보하기도 한다. 하지만 무엇보다 생동감이 있는 사진과 재치 있는 멘트로 만든 상품 상세

" WOW! 이곳은 시크릿가든의 김주원 집?! "
곡선으로 떨어지는 복층의 벽과 계단, 시크릿 가든의 김주원 집이 생각나요~

위메이크프라이스의 상품 상세설명

설명이 고객에게 얼마나 어필하느냐가 성공의 관건이다.

3) 상품평

온라인 쇼핑몰에서 다른 구매자의 상품평은 상품 구매를 결정짓는 중요한 요소이다. 더군다나 소셜커머스는 사람간의 관계에 중점을 둔 상거래를 지향하기 때문에, 다른 구매자가 작성한 상품평은 매우 중요하다. 아무리 생생한 사진과 재치 있는 설명으로 거래 상품에 대해 설명했다고 하더라도, 다른 구매자의 좋지 못한 평을 들었다면 상품 구매에 좋지 않은 영향을 끼치게 마련이다.

반값할인 기반의 공동구매 방식은 일반 상품의 거래와는 상품 평가가 조금 다르다. 제한된 시간 내에 구매에 참가하고 일정수가 모이면 할인 쿠폰을 지급받는 방식이기 때문에 구매 당시에는 이용후기와 같은 것들을 보기는 힘들다. 대신 해당 거래에 대한 문의글이 많은데, 쇼핑몰 운영자가 고객문의에 얼마나 충실하게 답변을 하느냐가 구매결정에 큰 영향을 미친다.

쿠폰이 발급된 이후에는 이용후기들도 올라오는데, 좋지 않은 이용후기는 향후 해당 판매자와의 거래 시에 중요한 지표가 될 수도 있기 때문에 신경 써야 한다.

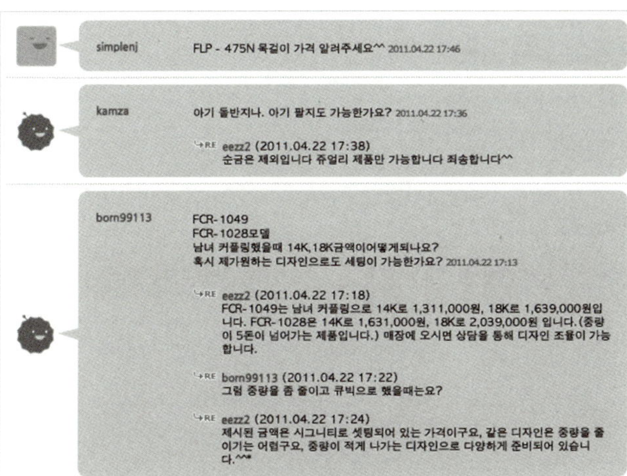

티켓몬스터의 티몬 토크

쿠팡의 Q&A

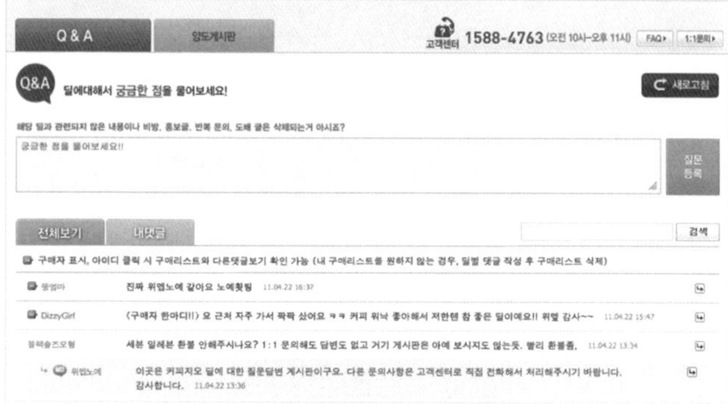

위메이크프라이스의 Q&A

4) SNS(Social Networking Service) 스크랩

SNS 스크랩 버튼이 있다고 소셜커머스라고 부르지는 않지만, 많은 소셜커머스 사이트는 상품 거래 페이지에 상품 정보를 링크할 수 있는 스크랩 버튼을 배치하고 있다.

티켓몬스터의 SNS 스크랩 버튼

step 3. 완성도 높은 소셜커머스 솔루션 선택하기

쿠팡의 SNS 스크랩 버튼

5) 지도

거래는 대부분 지역 상공인이 판매자로 참여한다. 따라서 구매자들이 쉽게 찾아갈 수 있도록 약도나 지도를 표시하는 것이 중요하다. 내부 디자이너를 고용해서 약도를 그려도 되지만, 구글맵이나 네이버 지도, 다음 지도와 같은 지도 API를 연동하여 표시하면 구매자들이 더 자세한 주변 정보를 볼 수 있게 된다.

목동 아이스링크장

주소	서울시 양천구 목1동 914번지 목동아이스링크장
전화번호	02-3674-7749
주차	공용 주차장 이용 (공연 1시간 전부터 공연 후 30분까지 3,000원)
공연일정	5월 18일(수) 20:00 / 5월 19일(목) 20:00
러닝타임	120분 (인터미션 15분 포함)

지도 크게보기

티켓몬스터의 위치 안내 지도

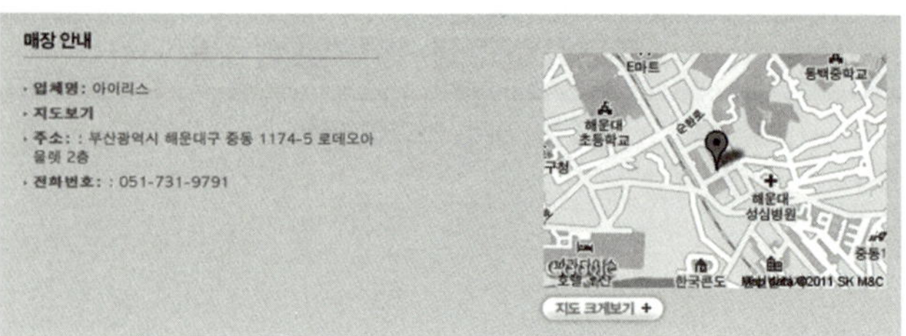

쿠팡의 매장 안내 지도

지난 거래

앞서 이야기했듯 대부분의 소셜커머스 서비스는 하루 한 가지 상품을 파는 모델을 취하고 있으므로, 당일이 지난 상품은 금방 잊히기 쉽다. 많은 판매자들이 상품을 반값에 파는 출혈을 감수하고서라도 거래에 참여하는 이유는 자신들의 상품이나 가게/기업을 홍보하고 지속적으로 고객유치를 하기 위한 목적이 더 크다.

그러나 한 번의 거래만으로는 큰 효과를 볼 수가 없다. 자금력이 뒷받침된다면 이벤트를 여러 번 기획할 수 있지만, 판매자들이 대부분 영세한 중소상인들이라 쉽지가 않다.

따라서 지난 거래 상품들을 모아서 보여주는 것은 판매자에게 계속적인 홍보효과를 이어나갈 수 있도록 해주

쿠팡의 '지난 쿠팡 보기'

고, 구매자의 상품평을 게시하여 피드백을 받을 수 있으므로 매우 중요하다. 최근에는 만족도가 높았던 거래는 다시 해달라고 요청(이를 '앙코르'라고 부르기도 한다)하기도 한다.

업체별 솔루션 기능의 장단점

카페24 소셜커머스 솔루션

카페24 소셜커머스 솔루션

step 3. 완성도 높은 소셜커머스 솔루션 선택하기

1) 무료 솔루션

카페24 소셜커머스 솔루션은 무료이다. 앞서 말했듯이 카페24가 EC 호스팅의 최강자로 올라설 수 있었던 이유는 바로 무료 솔루션을 기반으로 하여 유료 부가서비스를 판매하는 프리미엄(Freemium; 기본 기능은 무료로 제공하고 고급기능을 유료로 판매하는 상품판매 전략) 전략을 선택했기 때문이다. 기본 기능들을 무료로 사용할 수 있기 때문에 사업의 성공 여부가 불투명한 창업 초기에 그만큼의 자금을 절약할 수 있다.

무료라고 해서 기능이 부실하지는 않다. 기본 기능은 무료인 대신 많은 고급 기능들을 유료로 사용할 수 있다. 따라서 운영 후 안정적인 수익이 발생하기 시작한다면 그때 고급 기능들을 사용해도 늦지 않다.

2) 10년간 검증된 호스팅 능력

카페24의 웹호스팅과 서버호스팅 서비스는 지난 10년간의 사업을 통해 안정성을 인정받았다. 호스팅 사업의 노하우를 고스란히 EC 호스팅 사업에 활용하였으므로 많은 쇼핑몰이 카페24의 솔루션을 이용함에도 불구하고 안정적으로 운영할 수 있다.

3) 뛰어난 마케팅

카페24의 쇼핑몰 솔루션을 무료로 할 수 있었던 이유는 다양한 마케팅 기능 연동을 통한 유료서비스를 제공하기 때문이다. 카페24의 소셜커머스 솔루션에서도 카페24의 다양한 마케팅 연동기능을 사용할 수 있다.

4) 제한적인 기능

그러나 카페24의 소셜커머스 솔루션은 서비스를 시작한 지 얼마 되지 않아 아직 지원이 되지 않는 기능들이 몇 가지 있다. 특히 디자인 관리 부분에서 템플릿 관리 기능을 제공하지 않아, 쇼핑몰의 디자인을 특색 있게 꾸미는 데 제한이 될 수밖에 없다. 그러나 곧 디자인 관리 기능이 지원될 예정이라고 한다.

메타사이트(Metasite; 모음 사이트)와 연동 기능이 지원되지 않는 것도 아쉬운 점이다. 소셜커머스의 수가 급증한 만큼 소셜커머스 거래상품들을 모아서 보여주는 소셜커머스 메타사이트들의 수도 증가하고 있는데, 메타사이트는 구매자뿐만 아니라 판매자에게도 홍보채널을 확보할 수 있는 중요한 수단 중 하나이다. 그런데 메타사이트 연동 기능이 준비되어 있지 않아 많은 아쉬움이 남는다.

고도 투데이샵

고도몰 투데이샵 소개 페이지

1) 일석삼조, 일반쇼핑몰 + 소셜커머스 + 원어데이몰

고도 투데이샵은 고도몰의 일반 쇼핑몰 솔루션인 이나무 솔루션에 소셜커머스 기능과 원어데이몰을 결합한 패키지 상품이다. 따라서 일반 쇼핑몰을 운영하면서 이벤트성으로 지역기반의 쿠폰할인 상품을 내걸 수도 있으며, 하루 한 가지 상품만 파는 형태도 할 수 있다.

이나무 패키지를 기반으로 하기 때문에 고도몰의 깔

끔한 관리자 화면과 우수한 질의 기본 디자인 템플릿까지 그대로 지원받을 수 있다. 특히 이나무 패키지의 관리자 화면은 업계에서도 깔끔하기로 소문이 나있기 때문에 큰 장점이 될 수 있다.

2) 월 사용료 무료

고도 투데이샵은 초기 세팅비 11만 원만 지불하고 월 사용료는 무료이다. 만일 이나무 무료형을 사용한다면 월 사용비가 무료라는 이야기이다. 이나무 무료형 패키지는 저장용량이 100Mb로 한정적이지만, 창업 초반 아직 상품의 수가 많지 않은 상태에서 시험적으로 운영해 볼 수 있는 충분한 용량이다.

3) 깔끔한 기본 템플릿 제공

앞서 잠시 언급했듯이 고도몰의 기본 디자인 템플릿은 그대로 적용해서 운영해도 될 만큼 깔끔한 것으로 업계에 정평이 나 있다. 투데이샵의 기본 템플릿 역시 그대로 적용해서 운영해도 될 만큼 최고급의 질을 갖추고 있다. 이것은 창업 초기 별도의 디자인 커스터마이징을 할 시간과 비용을 절약할 수 있다.

고도몰 투데이샵 기본 템플릿

4) 임대형과 독립형 제공

고도몰 이나무 패키지는 원래 독립형 쇼핑몰 솔루션으로 출발했기 때문에 임대형 서비스뿐만 아니라 독립형 서비스로도 구축이 가능하다. 투데이샵 역시 이나무 패키지상에서 운영되기 때문에 독립형으로 구매하여 커스터마이징이 가능하므로 다른 소셜커머스와 차별된 기능을 구축할 수 있다.

5) 모바일웹 지원

고도몰 이나무 패키지가 모바일웹을 지원하므로 투데이샵 운영에도 그대로 사용할 수 있다. 또한 템플릿 편집 기능을 제공하여 콘셉트에 맞게 디자인을 변경하는 것도 가능하다.

소셜커머스가 모바일과의 연계성이 매우 중요한 만큼 모바일웹의 지원은 큰 강점이라 할 수 있다.

6) 전용 솔루션의 부재

이것은 앞서 '이나무 패키지와 결합'에 언급한 내용과 상충된다. 하나의 솔루션 내에 3가지의 패키지가 들어 있기 때문에 소셜커머스 사업만 할 경우에는 불필요한 기능들을 포함하게 된다. 쇼핑몰 솔루션 자체가 매우 복잡하고 방대한 것을 생각하면 초기 운영 시 혼란을 가중시킬 우려가 있다.

또한 투데이샵을 이용하기 위해서 초기 세팅비를 별도로 부과해야 한다. 소셜커머스의 특성상 상품이 계속 추가가 되는 점을 고려한다면, 이나무 무료형으로 운영할 수 있는 것도 아주 잠깐 뿐이다.

따라서 이나무 임대형처럼 저렴한 초기 세팅비를 지불하고 월 이용료를 받는 형식의 전용 솔루션이 없는 것은 조금 아쉬운 점이다.

위사 소셜커머스 솔루션

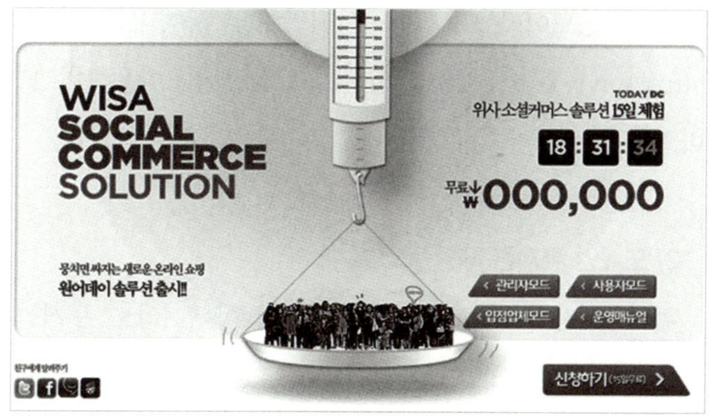

위사 소셜커머스 솔루션 페이지

1) 모바일웹 지원

위사의 소셜커머스도 모바일웹을 적극 지원하고 있
다. 기본으로 제공되는 템플릿도 소셜커머스의 구성 요

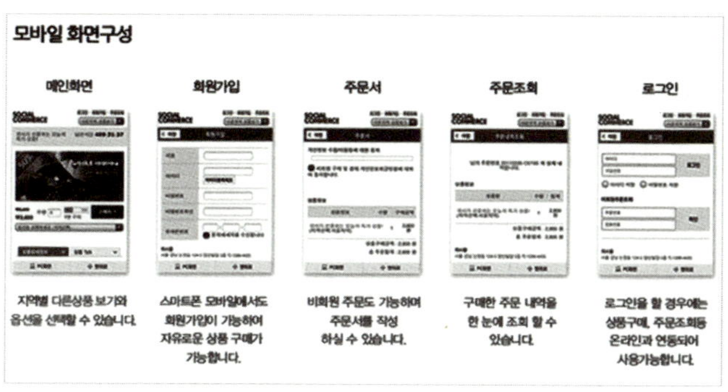

위사 소셜커머스 솔루션의 모바일 화면 구성

소를 갖추면서 모바일에 최적화되어 있어 그대로 사용할 수 있을 정도이다. 또 제한적이지만, 한국사이버결제(KCP, http://www.kcp.co.kr)의 전자결제시스템을 이용하면 모바일에서 결제까지도 가능하고, 회원가입도 가능하다.

2) 도메인 무제한 세팅

위사는 자사에서 구입한 도메인이 아니더라도 무제한으로 쇼핑몰과 도메인을 연결할 수 있다. 물론 쇼핑몰 운영 시 대부분 하나의 도메인만 이용하지만, .com, .net, .co.kr, .kr 같은 최상위 도메인을 모두 연결하고자 할 경우에는 도메인 등록 연결 개수가 중요할 수 있다. 위사가 도메인을 전문적으로 다루는 기업은 아니지만, 도메인을 무제한으로 연동할 수 있다는 점은 이점으로 다가온다.

3) 비교적 비싼 월 이용비

위사의 소셜커머스 솔루션의 월 이용료는 5만 원으로 타사보다 조금 비싼 편이다. 최근 대부분 월 이용료가 3만 원대에서 책정되는 추세로 볼 때 이것은 솔루션 선택에서 장벽이 될 수밖에 없다. 물론 초기 세팅비가 없긴 하지만, 월 세팅비가 있는 타사도 이벤트를 통해 초기 세

팅비를 감면해 주는 점을 감안해 본다면 장점으로 부각
되기는 어렵다.

가비아 소셜프리미엄몰

가비아 소셜프리미엄몰

1) 멀티 운영, 따로 때로는 같이

가비아의 소셜프리미엄몰 패키지를 선택하면 일반 쇼
핑몰 패키지도 함께 운영할 수 있다(물론 전환도 무료로 된
다). 이것은 고도몰의 투데이샵과 비슷하지만, 소셜커머
스 패키지 전용 솔루션의 형태가 기본인 가운데, 일반 쇼
핑몰로 전환하여 함께 운영할 수 있도록 관리자 화면에
서 탭으로 구분한다는 것이 다른 점이다.

소셜커머스 운영만을 목적으로 한다면 일반 쇼핑몰 탭

은 신경 쓰지 않아도 되고, 기존 일반 쇼핑몰을 운영하면서 소셜커머스를 추가로 운용하고자 하는 경우에도 추가적인 비용 없이 둘 다 운영할 수 있게 되는 것이다.

2) 도메인 무제한 등록

가비아에서 등록한 도메인만 해당되지만, 도메인을 무제한 등록하여 쇼핑몰과 연결할 수 있다. 가비아는 전통적인 도메인 선두업체인 후이즈(http://www.whois.co.kr)와 더불어 도메인 업계를 선도하고 있는 기업으로서 도메인 관리 능력은 이미 검증을 받은 상태이다. 외부 도메인 역시 1개를 무료로 연결할 수 있다. 가비아의 도메인 등록비가 비교적 저렴하다는 점을 감안해 볼 때 매력적인 요소이다.

3) 모바일 웹 지원

가비아가 2010년부터 집중하고 있는 분야가 모바일 웹 분야이다. 소셜프리미엄몰에도 바로 모바일 웹 환경을 지원할 수 있도록 기본 템플릿을 제공하고 있다. 또한 유료 모바일 웹 템플릿도 구매할 수 있어서 모바일과의 연계성이 중요한 소셜커머스임을 감안할 때 강점이라 할 수 있다.

4) 메타사이트 운영

가비아는 소셜커머스 메타사이트인 메타폰을 자체적으로 운영하고 있다. 가비아의 소셜프리미엄몰을 이용할 경우 메타폰에 무료로 입점할 수 있다. 온라인 쇼핑몰 운영 시 1개 이상의 메타사이트에 상품을 등록하는 것이 추세인데, 자체적인 소셜커머스 메타사이트를 운영하고 개설 즉시 메타사이트에 등록할 수 있다는 이점이 있다.

가비아의 소셜커머스 메타사이트, 메타폰

Seven Days Master Series

step 4

카페24 무료 솔루션으로 사이트 구축하기

소셜커머스 사이트의 디자인 유형 및 디자인 기획하기

디자인 유형 벤치마킹

소분류 순위 ▼	사이트 / 섹션 명 ▼	중분류 순위 ▼	전체 순위 ▼	소분류 분야 점유율 ▼	중분류 분야 점유율 ▼	전체 점유율 ▼	도달율 ▼	일평균 방문자 수 ▼	일평균 페이지뷰 ▼	일평균 시간당 방문자 수 ▼	세부 정보
1-	티켓몬스터	1-	47▲	회원	회원	회원	회원	회원	회원	회원	보기
2-	쿠팡	2-	61▲	회원	회원	회원	회원	회원	회원	회원	보기
3-	위메이크프라이스	3-	65▲	회원	회원	회원	회원	회원	회원	회원	보기
4-	지금샵	4-	153▲	회원	회원	회원	회원	회원	회원	회원	보기
5-	다음 소셜쇼핑	5-	0-	회원	회원	회원	회원	회원	회원	회원	보기
6▲	헬로디씨	6▲	219▲	회원	회원	회원	회원	회원	회원	회원	보기
7▲	그루폰 코리아	7▲	220▲	회원	회원	회원	회원	회원	회원	회원	보기
8▼	데일리픽	8▼	221▼	회원	회원	회원	회원	회원	회원	회원	보기
9▼	바이러스	9▼	231▼	회원	회원	회원	회원	회원	회원	회원	보기
10▼	쇼킹온	10▼	234▼	회원	회원	회원	회원	회원	회원	회원	보기

총 462 건   1 | 2 | 3 | 4 | 5 | 6 | 7 | 8 | 9 | 10   1 / 24 페이지

소셜커머스 사이트 순위(2011년 4월 10일 기준)

이 그림은 랭키닷컴 사이트의 소셜커머스 사이트 순위이다. 그림을 보면 알 수 있듯이 여기에 등록된 사이트들만 해도 462개나 된다. 그러나 여기에 등록된 사이트들만이 전부는 아니다. 대략 600개가 넘는 소셜커머스가 문을 열었고 매일 새로운 소셜커머스가 문을 열고 있는 추세이다.

랭키닷컴을 통해서 상위 10개의 소셜머커스를 찾아보았다. 그중 1~3위와 글로벌 소셜커머스 기업인 그루폰의 디자인 유형을 살펴보겠다. 랭키닷컴의 순위가 정확한 것은 아니지만 대략 10위권 안의 소셜커머스 사이트들을 보면 많이 들어본 이름일 것이다. 상위권에 있는 사이트들은 앞서 설명했듯 100억 원대 매출과 직원수 100명 이상의 기업 그리고 TV광고 등을 통해 브랜드 인지도를 높이고 있는 사이트들이다.

시작 단계의 소셜커머스는 '하루 한 가지 반값'의 콘셉트가 많았다면 지금은 여러 가지 상품을 동시에 지역별로 판매할 수 있게 하여 상품군을 다양하게 늘리고 있는 추세이다.

1) 티켓몬스터

　티켓몬스터의 경우 브랜드명을 캐릭터화시켜서 광고에
도 활용하고 여기저기 마스코트로 등장시켜 사람들에게
친근하게 접근하고 있다. 사이트의 전체적인 분위기는 꾸
준히 일관된 분위기를 유지하고 있다.

　상단의 전체 지역별 딜을 위한 검은색 배경 영역과 판
매될 상품 영역의 회색 배경을 유지하고 있는데, 이것은
사이트를 방문했을 때 제품에 소비자의 시선이 가도록
하기 위한 것이라 생각된다. 사이트를 열었을 때 가장 먼
저 현재 판매 중인 상품이 눈에 띌 수 있도록 보조적 디

자인 역할을 하고 있는 셈이다. 사용자가 방문했을 때 비교적 접근하기 쉬운 인터페이스를 갖추고 있다

2) 쿠팡

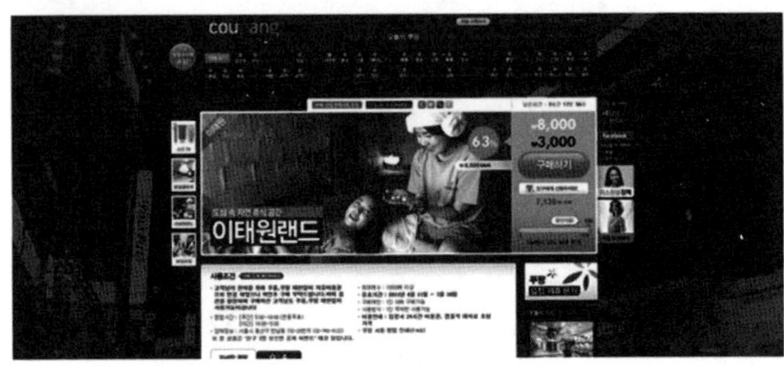

쿠팡이라는 이름 자체에서 쿠폰을 연상할 수 있다. 상단 메뉴의 경우 다른 사이트들에 비해서 상세하고 다양한 지역을 선택할 수 있다. 배경 이미지는 몇 개의 도시 백그라운드 이미지를 제작해 놓고 번갈아 가면서 사용하고 있다. 대신 배경에 너무 집중되지 않도록 색상을 은은하게 만들었다.

상품 상세 영역의 오른쪽 '오늘의 쿠팡'에는 오늘 하루 진행되고 있는 딜의 목록을 한번에 살펴볼 수 있어 편리하다. 상세 페이지 상단에는 소셜커머스로의 연동이 가능하도록 버튼을 배치했다.

3) 위메이크프라이스

　위메이크프라이스의 경우 티저 광고 형식의 '블라인드 딜(blind deal)'을 통해서 힌트가 되는 메인 콘셉트 이미지를 잡고 소비자들의 궁금증을 유발시키는 이벤트를 하여 많은 관심을 끌었다. 상품이 판매되기도 전에 많은 사람들의 추측 댓글로 커뮤니티가 활성화되곤 했다.

　그러나 최근의 추세에 발맞추어 전국 각 지역별 딜로 바꾸어 하루에 여러 가지 상품을 동시에 구매할 수 있게 되어 블라인드 딜보다는 여러 가지 상품을 다양하게 판매하여 경쟁력을 갖추는 데에 주력하게 되었다.

　블라인드 딜의 경우 티저 이미지를 제작하고, 상품이 개시되면 상품 콘셉트 이미지로 교체하고, 사이트 분위기를 주기적으로 바꾸어 주는 등 섬세한 관리를 통해서 소비자들의 만족도를 높여 주었다.

지역별 딜의 경우 각 지역에 해당하는 상징적 이미지 또는 해당 도시의 배경 이미지를 카테고리의 배경 이미지로 넣어서 지역별 소비자들에게 좀 더 친근하게 다가서고 있다. 최근에는 백그라운드 사진들을 모두 제거하여 상품에 집중할 수 있도록 업데이트되었다.

4) 그루폰

그루폰코리아

그루폰에 처음 접속하면 메일 주소를 입력하는 폼이 있고, '딜 소식을 받으세요'라는 팝업창이 뜬다. '닫기' 버튼도 없고 ×모양의 아이콘도 보이지 않아 처음 방문하는 사람들의 경우 당황할 수 있다. 우리나라 쇼핑몰을 이용하는 사용자들의 사용자 경험을 고려하지 않았던 것이 아닐까 한다. '아래에 이미 등록하셨나요?' 문구를 클릭해야만 그 페이지를 닫고 상품을 볼 수가 있어 아쉬운 부분 중 하나이다.

팝업을 닫고 나면 미국 본사 그루폰의 로고 영역은 그대로 유지하고 한국의 스타일에 맞추어서 깔끔한 사용자

인터페이스(User Interface; UI)를 제공한다. 좌우로 복잡한 메뉴들이 즐비한 다른 사이트들에 비해서 군더더기 없는 서비스 페이지를 갖추었다.

디자인 기획하기

앞에서 여러 가지 다양한 소셜커머스 사이트들의 디자인을 살펴보았다. 대부분의 UI설계는 비슷한 구조로 이루어지지만 각자 나름대로 소비자들에게 가까이 다가가기 위한 전략이 있음을 알 수 있다.

티켓몬스터의 경우는 제품의 이미지에 시선이 가도록 하였지만 다소 소비자들로 하여금 지루한 느낌을 줄 수 있다. 위메이크프라이스는 다양한 시도와 노력들을 통해서 소비자들에게 친근하게 접근할 방법들을 찾고 있었다. 하지만 약간은 산만한 분위기가 연출될 위험이 있다.

디자인 콘셉트를 잡기 전에 기획적으로 자신이 만들 소셜커머스 사이트의 차별화된 전략을 세우고 그 기획의 콘셉트에 맞게 다양한 디자인 브레인스토밍을 해보도록 한다.

하루에도 몇 개씩의 소셜커머스 사이트들이 우후죽순

생겨나고 있는데 차별화된 전략이 없다면 성공하기 어려울 것이다.

카페24에서는 현재는 한 가지 레이아웃만 제공하고 있지만 추후에 새로운 레이아웃의 소셜커머스 사이트를 제공할 예정이다.

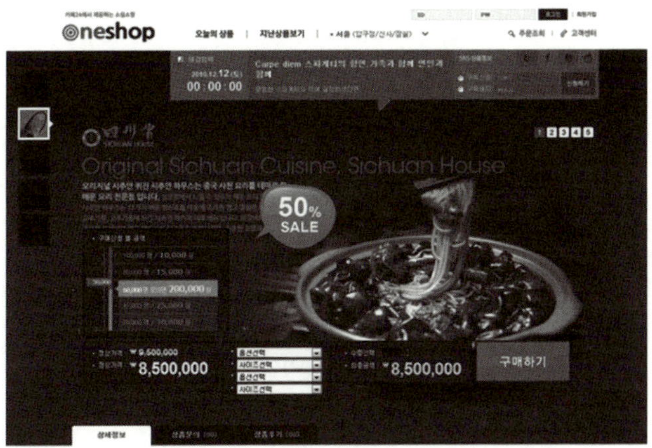

위의 화면은 카페24에서 추진 중인 소셜커머스 레이아웃의 다른 형태이다. 화면을 분할하지 않고 시원하게 하나로 사용하고 있으며 상품 주변으로 여러 가지 아이템을 배치하였다. 정보와 상품을 가운데로 집중시켜서 임팩트한 디자인을 볼 수 있다. 시선이 가운데로 고정되고

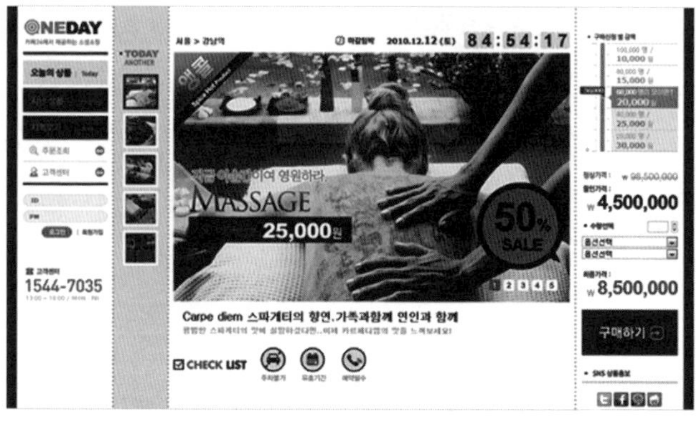

한눈에 모든 정보를 쉽게 습득할 수 있다.

새롭게 추가될 카페24 소셜커머스 사이트의 새로운 레이아웃의 두 번째 형태이다. 앞의 형태와는 정반대의 콘셉트로 화면을 세로로 분할하여 정보를 일목요연하게 구분 지었다.

지금까지의 소셜커머스는 대부분 비슷한 레이아웃의 디자인으로 가고 있다. 새롭게 추가될 이 템플릿은 가장 왼쪽에 최상위 내비게이션으로 '오늘의 상품'과 '지난 상품' '지역보기' 등의 메뉴와 로그인 화면이 있고, 다음으로 회색 영역 안의 'Today' 메뉴에서 오늘 진행 중인 다른 딜에 대한 소개를 하고 있다.

　본격적으로 상품에 대한 상세 페이지가 세 번째 칼럼에서 존재하고 있고, 마지막 칼럼에서 가격과 관련된 모든 정보를 한눈에 볼 수 있다.

　새롭게 추가될 카페24의 다양한 레이아웃을 응용한다면 많은 변화를 시도해 볼 수 있을 것 같다.

도메인 선정하기

도메인 선정하기

1) 업체 선정

도메인 선정 업체는 가격을 비교하여 안정적인 업체로 결정하는 것이 좋다. 가격이 싸다고 무조건 좋은 것은 아니다. 그렇다고 가격이 비싸다고 무조건 좋은 것도 아니다. 도메인의 경우는 이름 그 자체이기 때문에 좋고 나쁨보다는 쉬운 것과 어려운 것이 있을 뿐이다. 그렇다고 무조건 싼 곳에서 구매할 경우에 그 회사가 망해 버리면 다른 기관으로 이전이 되는데 이때 곤란을 겪을 수도 있다. 그 이전되는 기관이 국내 도메인의 경우는 국내 도메인 기관으로 이전되겠지만 해외 도메인의 경우는 외국

업체명 (가나다순)	kr도메인 종류		등록수수료			유료서비스		무료서비스							
업체명을 클릭하시면 해당 홈페이지로 연결됩니다	단계	종류	신규 ▼	유지 ▼	이전 ▼	양도,명수	정지도메인갱신안내 ▼	네임서비스제공	편집형파킹	E-mail(pop3)	E-mail(web)	사용종료일변경	사용종료일전화안내	24시간전화상담	이벤트
(주)가비아	3단계	기관(co.kr등)	22,000	22,000	17,600	22,000	-	✓	✓	✓	✓	✓	✓	✓	
(주)그린네트웍스	3단계	기관(co.kr등)	16,500	22,000	16,500	22,000	-	✓	✓					✓	
(주)다우기술	3단계	기관(co.kr등)	19,800	19,800	19,800	33,000	-	✓	✓				✓		
(주)닷네임코리아	3단계	기관(co.kr등)	20,350	20,240	11,330	110	-	✓	✓	✓	✓		✓		
(주)디비케이네트웍스	3단계	기관(co.kr등)	19,800	19,800	19,800	0	-	✓	✓			✓			
리눅스웨어(주)	3단계	기관(co.kr등)	17,600	17,600	17,600	0	-	✓	✓						
메가존(주)	3단계	기관(co.kr등)	10,780	10,780	10,780	0	0	✓				✓		✓	
(주)미리내닷컴	3단계	기관(co.kr등)	19,580	19,580	19,580	0	-	✓						✓	
(주)블루웹	3단계	기관(co.kr등)	19,800	19,800	13,200	22,000	-	✓						✓	
비아웹	3단계	기관(co.kr등)	11,000	11,000	11,000	22,000	-	✓						✓	
삼정데이타서비스(주)	3단계	기관(co.kr등)	19,800	19,800	19,800	19,800	0	✓							
(주)아사달	3단계	기관(co.kr등)	27,500	27,500	22,000	33,000	5,500	✓	✓	✓	✓	✓	✓	✓	
(주)아이네임즈	3단계	기관(co.kr등)	25,850	26,600	17,600	55,000	11,000	✓	✓	✓	✓	✓	✓	✓	
(주)아이비아이닷넷	3단계	기관(co.kr등)	22,000	22,000	17,600	22,000	-	✓	✓			✓			
아이피미러코리아	3단계	기관(co.kr등)	22,000	22,000	22,000	-	-	✓							
(주)엠씨에이티	3단계	기관(co.kr등)	13,200	13,200	13,200	22,000	-	✓	✓			✓			
(주)오늘과내일	3단계	기관(co.kr등)	16,500	16,500	16,500	0	0	✓	✓			✓	✓		
(주)우효테크놀로지	3단계	기관(co.kr등)	28,600	28,600	28,600	0	-	✓	✓	✓	✓	✓		✓	✓
(주)웹티즌	3단계	기관(co.kr등)	-	-	-	-	-	✓							
이호스트데이터센터	3단계	기관(co.kr등)	16,500	16,500	16,500	5,500	-	✓							
(주)인터넷나야나	3단계	기관(co.kr등)	22,000	22,000	22,000	0	-	✓	✓			✓			
(주)정보넷	3단계	기관(co.kr등)	19,800	19,800	13,200	0	-	✓	✓	✓	✓	✓		✓	✓
좋은인터넷(주)	3단계	기관(co.kr등)	26,400	21,780	26,400	11,000	-	✓	✓					✓	
(주)코리아서버호스팅	3단계	기관(co.kr등)	12,650	12,650	12,650	0	-	✓	✓					✓	
코리아센터닷컴	3단계	기관(co.kr등)	19,800	19,800	15,400	33,000	-	✓	✓				✓		
한강시스템주식회사	3단계	기관(co.kr등)	22,000	22,000	16,200	0	-	✓	✓	✓	✓	✓		✓	
한국전자인증	3단계	기관(co.kr등)	11,500	11,500	11,500	-	-	✓						✓	
한국전화번호부(주)	3단계	기관(co.kr등)	24,200	24,200	16,500	0	-	✓	✓					✓	
한국정보인증(주)	3단계	기관(co.kr등)	21,000	21,000	21,000	0	-	✓						✓	
호스트센터	3단계	기관(co.kr등)	12,100	12,100	12,100	0	0	✓	✓	✓	✓	✓	✓	✓	EVENT
호스트웨어아이디씨(주)	3단계	기관(co.kr등)	22,000	22,000	22,000	0	-	✓						✓	
(주)후이즈	3단계	기관(co.kr등)	28,600	28,600	28,600	44,000	11,000	✓	✓			✓	✓	✓	✓

한국인터넷 진흥원/등록 대행자 수수료 및 서비스 사이트
(http://www.domain.kr/KR/dmreg/agency/agencyFeePop.jsp)

도메인 기관으로 이전될 가능성이 있어서 유지보수나 고객상담을 받기에 난처한 상황이 올 수도 있다.

위의 그림은 한국인터넷 진흥원/등록 대행자 수수료 및 서비스 사이트이다. 여기서 무료 부가서비스나 등록 수수료 도메인 종류 등을 비교해 볼 수 있다. 상단의 단계 선택을 통해서 원하는 도메인 가격을 비교해 보기 바란다.

도메인을 선택하고 호스팅 업체도 골라야 하는데 여기저기 복잡하게 관리할 자신이 없다면 호스팅 업체에서 도메인 서비스를 함께 받는 것도 좋다. 도메인 연장이나 호스팅 서비스 연장을 한 번에 해결할 수 있고 고객 상담도 한 군데서 해결할 수 있다.

2) 도메인 선택

.com .net .co.kr .kr .org .co .jp .me .biz 등 도메인의 종류는 다양하다. 새로 생겨나는 도메인들도 있고, 한글 도메인도 있다. 이런 다양한 도메인 뒷주소는 각자의 의미를 가지고 있다. 그런 의미를 잘 알아보고 선택하도록 한다. 도메인마다 가격이 다르고 업체마다 가격이 다르다. 도메인이 싸다고 해서 듣지도 보지도 못한 인지도 없는 뒷자리 도메인을 선택해서는 안 된다. 브랜드의 가치를 떨어뜨리는 일이 될 것이다.

인터넷상에서 사용되는 도메인은 고유하게 존재해야 하기 때문에 공통으로 정해진 체계에 따르고 임의로 생성·변경이 불가능하다.

co.kr이나 .kr의 경우는 Country의 약자인 .co와 Korea의 약자인 kr을 이용한 국가코드 최상위 도메인이다. 이 도메인들을 관리하는 곳은 한국인터넷 진흥원 (http://domain.kisa.or.kr/kor/info/domainSys.jsp)이다. 여기서 국내 도메인과 관련된 다양한 정보들을 접할 수 있다 .

.com이나 .net 등의 경우는 조직, 목적, 분류 등 명칭을 영문 약자로 표현한 일반 최상위 도메인이다. 가장 기본적인 것으로 com(회사), net(네트워크 업체), edu(4년제 대학이나 부설 연구소), or 또는 org(기관/비영리 단체), ac(학교), gov(미국정부기관), aero(항공운송산업), asia(아시아 지역) 등이 있다.

국내에서만 서비스할 목적이라면 co.kr이나 .kr을 선택해도 좋겠다. 상점명과 연결하여 좀 더 어감이 좋은 것을 선택한다. 여유가 된다면 관련된 도메인(.com, .co.kr, .net, .kr 등) 여러 개를 한 번에 사서 포워딩(forwording)시켜 놓으면 사용자가 어떤 도메인으로 접속하든지 자신의 상점에 접속되게 할 수 있다.

포워딩이란 도메인 등록기관에 등록된 도메인을 사용자가 연결을 원하는 웹 사이트로 자동으로 연결시켜 주는 서비스이다. 단 해당 도메인의 네임서버를 잘 확인하고 설정해 놓아야 한다. 네임서버는 호스팅 업체에서 정

카페24 호스팅(기본)네임서버

1차 네임서버	호스트명(ns1.cafe24.com) / IP (175.125.93.134)
2차 네임서버	호스트명(ns1.cafe24.co.kr) / IP (112.175.246.232)
3차 네임서버	호스트명(ns2.cafe24.com) / IP (175.125.93.144)
4차 네임서버	호스트명(ns2.cafe24.co.kr) / IP (112.175.247.232)

카페24 쇼핑몰 네임서버

1차 네임서버	호스트명(dns1.cafe24.com) / IP (175.125.93.130)
2차 네임서버	호스트명(dns1.cafe24.co.kr) / IP (112.175.246.229)
3차 네임서버	호스트명(dns2.cafe24.com) / IP (175.125.93.140)
4차 네임서버	호스트명(dns2.cafe24.co.kr) / IP (112.175.247.229)

카페24 파킹/포워딩 네임서버

1차 네임서버	호스트명(ns1.cafe24dns.co.kr) / IP (175.125.93.196)
2차 네임서버	호스트명(ns2.cafe24dns.co.kr) / IP (112.175.246.253)
3차 네임서버	호스트명(ns3.cafe24dns.co.kr) / IP (175.125.93.197)
4차 네임서버	호스트명(ns4.cafe24dns.co.kr) / IP (112.175.247.253)

보를 확인할 수 있는데 카페24의 경우 메인 페이지 왼쪽 하단에 정보가 표기되어 있다.

카페24 호스팅을 구입했다면 기본적으로 카페24 네임 서버로 세팅되어 있기 때문에 다시 설정할 필요가 없고, 다른 곳에서 도메인을 구입했다면 그 업체에서 도메인 네임서버를 아래와 같이 변경해 주어야 한다. 변경 후 24 시간 뒤에 정상적으로 접속이 가능하게 된다.

카페24에서 등록한 도메인을 다른 곳으로 연결하려면 '나의 서비스관리 〉 도메인관리 〉 네임서버변경' 메뉴에 서 가능하다.

도메인 등록

도메인이란 인터넷 사용자들이 다른 컴퓨터와 통신을 하기위해 사용하는 영문자로 표현된 주소 체계입니다.

☑ 선택	도메인	검색결과
☐	50dc.com	등록불가능 [정보보기]
☐	50dc.kr	등록불가능 [정보보기]
☐	50dc.co.kr	등록불가능 [정보보기]
☑	50dc.or.kr	등록가능
☑	50dc.pe.kr	등록가능
☐	50dc.net	등록불가능 [정보보기]
☑	50dc.org	등록가능
☑	50dc.biz	등록가능
☑	50dc.info	등록가능
☑	50dc.asia	등록가능
☑	50dc.me	등록가능
☑	50dc.co	등록가능
☑	50dc.so	등록가능
☑	50dc [키워드 안내]	등록가능

::: 카페24 도메인 서비스 이용약관 :::

제1장 총 칙

제1조 (목적)

☐ 도메인 이용약관에 동의합니다.

::: 인터넷 키워드 서비스 이용약관 :::

제1조(목적)

☐ 인터넷 키워드 이용약관에 동의합니다.

[선택한 도메인 등록하기]　[다른 도메인 검색하기]

　　카페24 메인 페이지에서 소셜커머스 하면 떠오르는 '반값'을 임의로 50DC로 정한 후 검색해 보자. 떠올리기 쉬운 만큼 이미 .com .kr .co.kr 등은 등록이 완료되어 있다. 이런 식으로 생각나는 단어들을 검색하여 사용 가능한 도메인이 나타나면 '선택한 도메인 등록하기' 메뉴를 통해서 구매하도록 한다.

3) 이름 정하기

도메인은 최대한 쉽게 기억되도록 만든다. 도메인 이름은 곧 상점 이름이다. 티켓몬스터, 쿠팡처럼 발음하기 쉽고 기억하기 쉬워야 한다. 인기를 끌고 있는 사이트의 도메인 이름과 비슷한 이름으로 정할 경우에는 자칫 '짝퉁 사이트'로 오해 받을 수 있다.

따라서 사전에 같거나 비슷한 이름을 가진 여러 가지 도메인들을 검색해 보고 심사숙고하여 도메인 이름을 정한다. 자신이 정했다고 해서 그 도메인이 꼭 있다고는 보장할 수 없다. 많이 쓰이는 도메인의 경우는 가격이 비싸거나 이미 누군가가 선점했을지도 모른다.

카페24 솔루션 세팅하기

1) 카페24 가입하기

카페24 소셜커머스 페이지(http://echosting.cafe24.com/Socialinfo/?url=Info&social=T)에서 '소셜커머스 만들기' 버튼을 클릭한다.

이미 가입된 계정이 있다면 그대로 사용해도 되고 아니면 새로운 판매자용 계정을 만들어도 된다. 가입 과정을 마치고 나면 'http://가입 아이디.cafe24.com/'으로 무료 쇼핑몰이 생성된다. 관리자 화면으로 가고자 한다면 'echosting.cafe24.com/shop/'으로 접근한 후 판매자 계정으로 로그인한다.

2) 관리자 메인화면

150쪽 그림은 판매자 계정으로 접속한 화면이다.

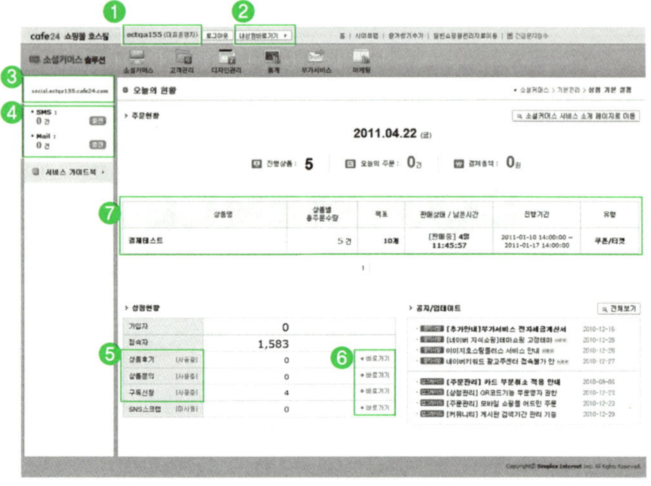

❶ ‘echosting.cafe24.com’에서 회원가입 후 등록한 상점 아이디 정보가 노출된다.

❷ ‘내 상점 바로가기’를 클릭하면 쇼핑몰로 이동한다.

❸ 상점 대표 도메인이 노출된다.

❹ 부가서비스로 신청/이용 가능한 SMS와 대량메일 건수가 노출된다.

❺ 현재 사용 여부에 따라 ‘사용 중/미사용’으로 구분된다.

❻ ‘바로가기’를 클릭하면 이동하고자 하는 해당 메뉴 페이지로 바로 이동된다.

❼ 등록된 상품 리스트가 노출된다. 판매 상태와 진행 기간, 상품 유형 등이 확인된다.

관리자 메인메뉴

❶ 소셜커머스: 소셜커머스와 관련된 상점 기본 설정, 상품 관리, 주문 관리, 구독신청 목록 관리, 게시판 관리 등을 한 번에 할 수 있는 메뉴.

❷ 고객 관리: 회원 관리 및 주문과 관련된 자동 메일 설정, 부가서비스(대량 메일, SMS 발송 관리)를 관리할 수 있는 메뉴.

❸ 디자인 관리: 디자인 템플릿 설정 및 화면 편집이 가능한 메뉴.

❹ 접속 통계: 매출 통계와 접속 통계를 확인할 수 있는 메뉴.

❺ FTP: 상품을 등록할 때 필요한 이미지를 업로드하는 메뉴.

❻ 부가서비스: 카드 결제/실시간 계좌이체 결제신청 및 대량 메일 서비스, SMS 발송 관리 등의 부가서비스 신청 및 관리가 가능한 메뉴.

❼ 마케팅: 카페24 호스팅에서 제공하는 다양한 마케팅 기능을 볼 수 있는 메뉴.

1) 상점 기본 설정 화면

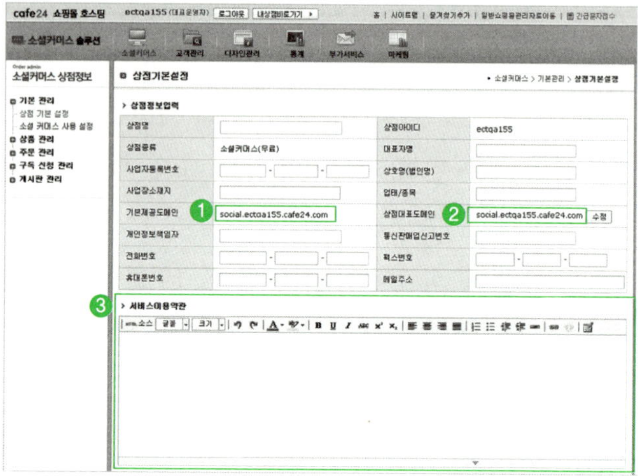

❶ 도메인은 쇼핑몰을 생성하면 카페24에서 무료로 만들어 주는 기본 도메인이다.

❷ 상점 대표 도메인에서 사용자가 구입한 도메인을 대표 도메인으로 설정할 수 있다.

❸ 약관은 카페24 쇼핑몰 솔루션의 공정거래위원회의 표준약관을 기본으로 제공하고 있고, 가급적이면 이 내용에 맞추어 등록·사용하는 것이 좋다.

2) 페이지 약관과 개인정보 취급방침 페이지

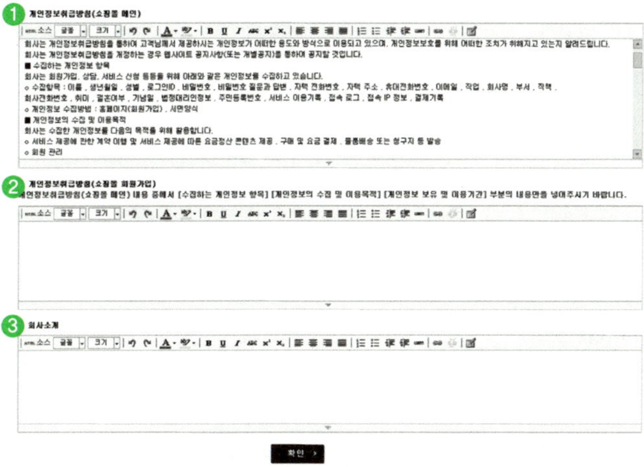

❶ 개인정보 취급방침(쇼핑몰 메인): 카페24쇼핑몰 솔루션은 한국 정보보호 진흥원의 표준 개인정보 취급방침 내용을 기본적으로 제공하고 있다. 여기서 'OOO' 부분을 수정하여 사용하면 된다.

❷ 개인정보 취급방침(회원가입): 개인정보 취급방침(쇼핑몰 메인) 내용 중 '수집하는 개인정보 항목', '개인정보의 수집 및 이용목적', '개인정보 보유 및 이용기간' 부분의 내용만 넣으면 된다.

❸ 회사소개: '회사소개' 내용 및 '오시는 길'에 대한

약도 이미지 등 관련된 내용을 편집 html로 입력할 수 있으며, FTP 업로드 후 링크를 적용하면 된다.

3) 소셜커머스 사용설정 페이지

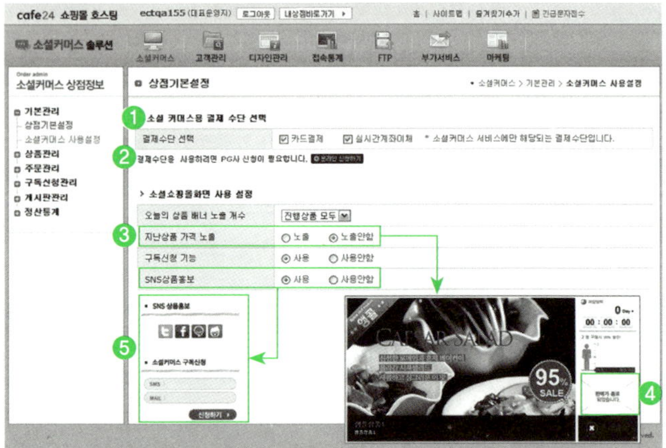

❶ 소셜커머스용 결제 수단은 카드결제, 실시간 계좌이체 2가지 수단이며, 쇼핑몰 생성 후 PG사 신청을 통하여 결제수단 이용이 가능하다. 이 화면은 PG사 신청 이후의 화면이며, 초기에는 ❸번 영역과 같이 안내문구와 함께 신청 페이지로 이동 가능한 버튼이 노출된다.

❷ 소셜커머스 초기 몰 생성 시에는 결제수단을 신청하는 버튼이 노출되며, PG 신청 및 세팅이 완료되면 안

내문구와 버튼 노출 없이 결제수단을 선택할 수 있도록 체크박스 영역이 활성화된다.

❸ 현재 진행 중인 상품이 여러 개인 경우, 사용자 화면 오늘의 상품보기(메인 페이지)의 오른쪽 하단에 오늘 진행 중인 상품의 배너가 차례대로 노출된다. 노출 우선순위는 현재 조회 날짜 기준으로 판매 중인 상품 가운데 최근 등록 상품순으로 보이게 된다.

❹ 판매진행이 마감된 경우 지난 상품보기 메뉴를 설정해 놓고, 가격 영역에 '판매가 종료되었습니다'라는 대체문구가 보인다.

❺ 구독신청 기능 SNS 상품 홍보는 초기에 '사용'으로 설정되어 있고, '사용 안 함'으로 설정하면 해당 영역이 노출되지 않는다.

1) 전자 지불대행 서비스

PG는 Payment Gateway의 약자로 전자상거래에서 지불 대행 또는 결제대행 서비스를 말한다. 인터넷 결제 시스템의 하나로 쇼핑몰 운영자가 지불 수단을 자체적으로 구축하지 않고 전문 대행업체인 PG사에서 개발한 결제 솔루션을 통해 복잡한 정산 과정 및 결제 서비스를 대행시킴으로써 안정적인 쇼핑몰 운영 및 결제/정산 관리를 받을 수 있다.

각 PG사에는 서비스 불가업종들이 있다. 이 부분은 쇼핑몰을 열기 전에 반드시 확인해 두어야 한다. 예를 들어 카페24의 쇼핑몰 호스팅 PG 서비스 사용불가 업종으로는 상품권 판매, 애완동물 분양, 성인 콘텐츠, 다단계, 선불카드, 사이버 머니 등이 있다. 사업자 등록정보가 누락될 경우도 승인을 거절할 수 있다. 이 부분을 꼼꼼히 체크하여 신청하도록 한다.

① 사업자 정보: 대표자, 주소, 전화번호, 통신판매번호(간이과세자의 경우 사업자등록 발송 후 가능), 개인정보 책임자, 도메인 대표 전화번호(휴대전화 번호 불가)의 정보가 정확해야 한다.

② 비활성화 몰(카테고리를 클릭할 경우 준비 중이라고 뜨는 경우 등)인 경우, 회사소개가 누락된 경우에는 승인 불가이다.

③ 오픈하지 않은 몰, 홈페이지상에서 '오픈 준비 중', '시스템 작업 중'이라 판단되는 쇼핑몰은 승인 불가이다. 신용카드사의 다양한 심사기준이 있기 때문에 PG 서비스 승

인불가가 예상되는 쇼핑몰인 경우 반드시 PG 서비스 신청 전에 문의를 하여 확인하고 준비하기 바란다.

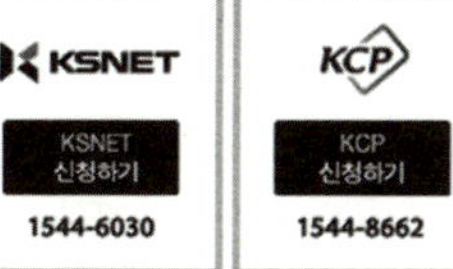

다음의 표는 카페24에서 사용 가능한 PG사 리스트이다. PG사를 선택하는 기준은 크게 수수료와 안정성, 정산주기 등을 들 수 있다.

PG사	이니시스	올앳	KCP	KSNET
가입비	20만 원(최초 1회, VAT 별도)			
연 관리비	평생 무료			
카드 수수료	3.5%(카드 수수료 포함, VAT 별도)			
실시간 계좌이체	가입비 무료, 거래 수수료 1.8% 최저 200원(VAT 별도)			
정산주기	월 1회, 월 2회, 월 4회, 일일정산 불가	주 정산(소셜커머스인 경우)	월 4회 정산(소셜커머스인 경우) *일일정산 요청 시 최대 D+7일 정산 가능(상품 구성 및 판매 조건에 따른 별도 심사	일일정산, 주 2회 정산 가능(수수료 동일) *월 4회, 월 1회 정산(주 2회 선택 후 KSNET 담당자에게 문의)
사이트	www.inicis.com	www.allatpay.com	www.kcp.co.kr	www.kspay.co.kr

이외에도 각종 커뮤니티나 대표 카페 등에서 사용자들과 정보를 공유하는 것도 중요한 정보자원이 될 수 있다. 이

니시스의 경우 업데이트가 잘되어 좋다는 의견도 있었고, 불친절하다는 의견도 있었다. 올앳의 경우 부분 취소가 가능하여 편리하다는 의견도 있었다.

그리고 규모가 크고 안정된 곳을 선택해야 한다. 수수료와 초기 가입비가 저렴해서 선택한 업체가 망하게 될 경우 피해를 입을 수 있기 때문이다. 물론 규모가 작은 업체라고 해서 반드시 나쁘다는 뜻은 아니다. 카페24, 메이크샵, 고도몰 등 대형 업체들과 연계된 PG사의 경우 안정된 곳이 많다. 또한 제휴 업체이므로 기존 수수료보다 조금 싸거나 연회비를 공제해 주는 등의 제휴 업체만의 혜택이 있다. 이니시스, KSNET 등은 쇼핑몰이 생겨나면서부터 시작한 곳이라 경험이 많고 안정적으로 운영되고 있으며, KCP는 카드사에서 만든 곳이라 안정적인 자본을 확보하고 있다.

2) 전자보증(소비자 피해 보상보험) 서비스 설정하기
「전자상거래 소비자 보호법」에 의해 10만 원 이상의 물품을 판매하기 위해서는 전자보증 서비스를 도입해야 한다. 전자보증 서비스는 상품 결제 시점에서 소비자에게 보험 증서를 발급하여 인터넷 쇼핑몰에서 발생할 수 있는 소비자 피해를 공인된 금융 기관이 보장하는 서비스이다.
이와 비슷한 것으로 에스크로 서비스가 있다. 에스크로 서비스는 결제 대금이 배송완료(구매확인) 전까지 은행에 예치되고, 구매가 확정되고 난 후에 판매자에게 입금되는 형태이다.
소셜커머스 업체는 대부분의 결제사들이 금액 한도와 결제 기일을 정하고 있다. 만약 처음에 500만 원짜리 보증보험을 가입했는데 당월에 1,000만 원의 매출이 발생했다

면, 결제사는 사업자에게 500만 원 한도 내에서만 입금을
한다. 그렇기 때문에 보증보험 금액 한도를 잘 보고 판단
해야 한다.

그리고 결제 기일도 살펴봐야 한다. 쇼핑몰 사이트의 경우
보통 '+7일'이다. 오늘 고객이 결제하면 7일 후 입금된다.
그래서 7일 이후부터 자금을 운용할 수 있다. 그러나 소셜
커머스의 경우 이 부분도 약간의 제약이 생긴다. 어떤 곳
은 월 2회 정산, 어떤 곳은 월 4회 정산을 하기 때문이다.
따라서 결제 기일을 잘 계산하여 자금을 어떻게 운용할
것인가를 신중히 생각해 보고 결정해야 한다.

카페24 솔루션을 이용한 메인 페이지 디자인하기

메인 페이지 디자인하기

1) 카페24 디자인 관리하기

카페24 관리자 사이트(echosting.cafe24.com/shop/)에 접속하고, 관리자 아이디로 로그인한 후 상단 메뉴의 '디자인 관리'를 선택한다.

기본 디자인 설정에서 정렬 방법과 쇼핑몰 배경색 또는 배경 이미지를 등록할 수 있다. 모니터 해상도가 점점 커지고 있기 때문에 여러 가지 디바이스와 다양한 해상도에서 자연스럽게 보이기 위해서는 '중앙정렬'을 추

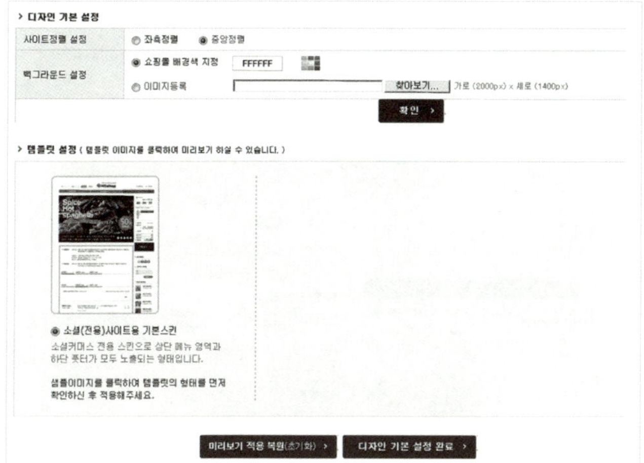

천한다.

현재 템플릿은 한 가지 종류만 지원되고 있다. 하지만 곧 3가지 UI가 더 추가될 예정이다. 다른 레이아웃을 가진 2가지 UI와 현재 레이아웃에 다른 디자인을 입힌 UI가 추가된다.

카페24 소셜커머스 쇼핑몰은 html 코드를 수정하는 페이지는 지원하지 않는다. 그래서 이미지 작업이 가능한 사람이면 html을 모르더라도 쉽게 사이트 제작을 할 수 있다. 하지만 좀 더 다양한 UI 설계를 위해서는 html 편집이 필요하다. 추후 카페24에서도 html 편집 기능을 제공할 예정이다. '디자인 관리-디자인 기본 설정'을 완료하

고 '디자인 편집' 메뉴에서 상세한 디자인 설정을 변경해 보도록 한다.

2) 디자인 설정하기

'상단 메뉴' 글씨 부분을 선택하면 그림처럼 오른쪽 상단에 디자인과 관련된 이미지들을 바꿀 수 있는 설정 창이 나타난다. 각종 버튼 스타일과 로고 등을 변경할 수 있다. 반드시 전체 이미지를 다시 제작할 필요는 없다. 자신이 생각한 콘셉트와 어울린다면 버튼이나 글씨, 메뉴 등은 그대로 두어도 좋다. 로고 부분을 변경하고, 하단에 '확인' 버튼을 클릭한 후 '디자인 최종 적용 완료'를 클릭하여 디자인이 적용되었는지 위치는 잘 맞는지 확인해 본다. 이미지를 만들 때 이미지 사이즈도 잘 확인한다.

메인 설정이 완료되면 상단의 내비게이션 메뉴 영역을 선택하여 내비게이션 스타일을 변경해 본다. 내비게이션 메뉴는 '오늘의 상품'이나 '지난 상품 보기'가 이미지로 되어 있어서 메뉴 글씨를 넣은 이미지를 통째로 넣어야 한다. 그리고 '지역별 상품 보기'는 이미지로 선택할 것인지를 설정하고, 색을 지정하고, 텍스트를 넣을 것인지 선택하여 설정한다.

메인 페이지 디자인을 변화시키기 위해서는 다음의 3가지를 효과적으로 변경해서 활용하자.

첫 번째는 배경색과 이미지의 변경이다. 배경색의 변화만으로도 전체적인 분위기를 변경할 수 있다.

두 번째는 로고이다. 쇼핑몰의 정체성을 확립하고 전체

적인 스타일을 로고와 맞추어서 디자인해 나가기 때문에 로고는 신중하게 디자인한다.

세 번째는 내비게이션 영역의 변화이다. 보통 홈페이지 디자인에서 상단의 로고와 내비게이션 영역까지가 헤더(header) 영역이라고 불리는 고정 영역이다. 사이트의 전체적인 통일감을 주면서 분위기를 주도해 가는 부분이다.

사실 이 부분을 제외하고 나면 대부분은 상품의 상세 페이지이기 때문에 그때그때 느낌이 달라진다. 그렇기 때문에 상단 부분에서 표현하려는 스타일을 결정해야 한다. 이 3가지만 잘 변화시켜도 전체적인 느낌이 달라진다. 배경색을 다른 색으로 변경할 경우 주의할 점은 그 색깔에 맞추어서 각종 버튼이나 텍스트들을 변경해 주어야

step 4. 카페24 무료 솔루션으로 사이트 구축하기

한다는 것이다.

아래 그림처럼 GIF 이미지는 흰 배경색을 포함하고 있기 때문에 배경색을 변경할 때는 변경된 배경색에 맞추어 여러 가지 이미지 소스들도 함께 변경해 주어야 한다.

상품 사진 촬영하기

상품 촬영의 경우 소셜커머스 관리자 페이지 내 부가서비스에서 상품 촬영을 대행하고 있다. 사진 촬영에 대한 지식이 없다면 부가서비스를 활용해 보는 것도 나쁘지 않다. 모델, 음식, 화장품, 주얼리, 전자제품, 인테리어 등 카테고리별로 선택할 수 있다.

카페24 부가서비스 상품 촬영 안내 페이지

무턱대고 사진기부터 구입할 것이 아니라 조명, 조리개와 셔터 속도, 심도에 관해 먼저 알아야 한다. 옷이나 가방의 경우는 비교적 촬영이 쉬운 편이지만 모델 섭외가 필요하고 스타일링을 잘해야 한다. 도자기나 유리 소재로 이루어진 제품은 빛의 반사 등으로 인해 무늬가 보이지 않는다거나 제품의 형태를 제대로 파악할 수 없는 사진이 나올 수도 있다. 음식은 전문적인 푸드 데커레이션(Food Decoration)이 필요하기 때문에 일반인들이 촬영하기에는 어려운 소재이다.

쇼핑몰 창업자들을 대상으로 하는 상품 촬영 강좌들

이 많이 열리고 있다. 이런 곳에서 교육을 받아보는 것도 촬영의 기초 지식을 쌓는 데 도움이 될 것이다. 사진에 관심이 많은 사람일 경우는 DSLR 촬영과 관련된 서적이 많으니 참고하면 역시 도움이 될 것이다.

상품을 촬영할 때는 태양광이 가장 좋지만 너무나 많은 변수들이 존재한다. 상품을 촬영하기로 한 날에 비가 올 수도 있고, 안개가 끼거나 황사가 올 수도 있으며, 아침에 시작한 촬영이 오후가 되면서 반사되는 빛의 양이 달라져 다른 색으로 표현될 가능성도 충분하다. 가벼운 상품은 바람에 날려 곤란한 상황이 반복된다. 겨울과 여름에는 날씨 때문에 장시간 밖에서 촬영하게 되면 집중하기 힘들어진다.

태양광을 대신해 인공 조명을 이용한 실내 촬영의 경우를 살펴보자. 가장 쉬운 형광등의 경우는 빛이 부드러워 상품의 그림자 또한 부드럽게 표현된다. 하지만 형광등은 녹색이 강하기 때문에 사진이 전체적으로 녹색을 띠게 된다. 따라서 형광등은 붉은색 계열의 상품을 표현하기에는 부적절하다.

예전에는 사진용 조명으로 텅스텐 조명등을 많이 이용했으나, 요즘은 할로겐 조명등을 많이 이용한다. 텅스텐

조명등에 비해 전구의 부피가 작고, 다양한 밝기의 전구
가 출시되기 때문이다. 텅스텐이나 할로겐 조명등은 '점
조명'으로 상품의 콘트라스트를 높여 주기 때문에 형광
등에 비해서 좀 더 또렷한 이미지를 만들어 준다. 그리고
특유의 조명으로 따뜻한 느낌을 표현하기에 적절하다. 그
러나 또렷한 이미지를 만들어 주는 만큼 콘트라스트가
높아 그림자 또한 선명해지므로 부드러운 표현을 위해서
는 반사판으로 빛을 반사시키거나 트레팔지 등에 빛을
투과시켜야 한다. 또한 전구에 열이 많이 발생하므로 오
랜 시간 촬영할 경우에는 화재에 주의해야 한다. 특히 열

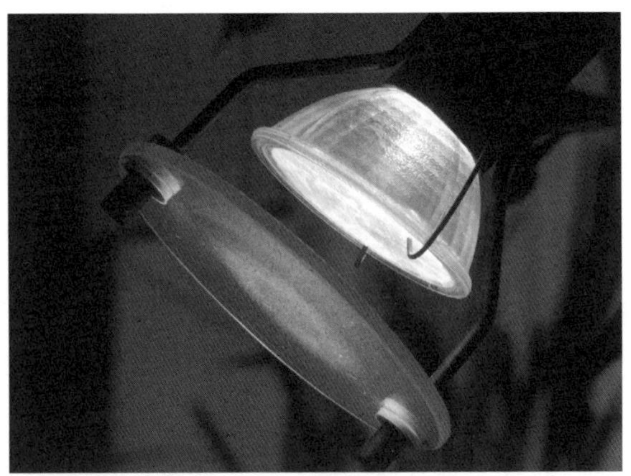

할로겐 조명(출처: http://www.morguefile.com/)

에 약한 제품은 손상되지 않도록 주의해야 한다.

사진관에 가면 흔히 볼 수 있는 스피드라이트(speed light; 속칭 스트로보)는 태양과 흡사한 사진용 조명등이다. 플래시는 태양광과 같이 빛의 기본 3원색을 골고루 포함하고 있다. 하지만 순간적으로 터지기 때문에 익숙하지 않은 일반인이 사용하기에는 어렵다. 인물 사진의 경우 눈을 감는 사태가 발생하기도 한다. 그러나 많은 경험과 노하우가 쌓인다면 훌륭한 사진을 찍을 수 있다. 카메라에 내장된 플래시 외에 외부 플래시의 경우 조명 상태를 가늠할 수 있도록 모델링이라고 하는 할로겐 램프가 부착되어 있어서 촬영 전에 상품에 빛이 어떻게 조명되는지를 가늠할 수 있다. 사진의 느낌은 전반적으로 차갑다.

촬영 시에 매뉴얼 모드(M)가 어렵다면, 조리개 우선 모드(A)로 촬영하면 조금 더 쉽게 접근할 수 있다. 매뉴얼 모드는 촬영자가 주변 환경을 파악하고 사전에 셔터 속도와 조리개 수치를 설정하여 촬영하는 것이어서 많은 경험과 노하우가 필요하다. 조리개 우선 모드는 조리개 수치를 촬영자가 날씨나 주변 환경에 맞추어 수동으로 조절하면 자동으로 셔터 속도를 잡아 주는 것이다. 조리개나 셔터 속도, 감도(ISO), 화이트밸런스, 심도 등 여

러 가지 사진과 촬영 요소들에 대해서 자세히 설명하려
면 책 한 권으로도 모자라니 관련 서적을 찾아 공부하기
바란다.

사진 촬영을 어떻게 하느냐 또는 보정을 어떻게 하느냐
에 따라서 보이는 이미지와 실물이 다를 수 있다. 그러므
로 색상이 중요한 상품은 상세 페이지에 상품 색상과 관
련된 코멘트를 달아주는 것이 좋다.

상세 페이지 디자인하기

1) 지역 설정 화면

① 상품을 등록할 때 상품에 해당하는 지역을 먼저 등

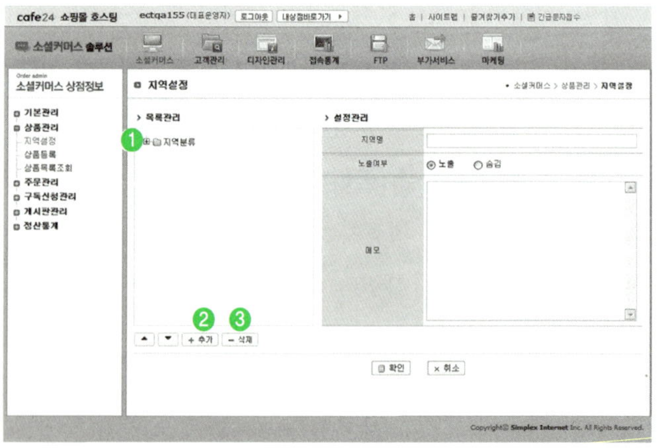

록해야 한다. 지역과 관련 없는 상품의 경우(택배로 전국 어디든 구입 가능한 실물 상품)에는 지역 설정이 필수이므로 지역명을 '전국'으로 하거나 '지역과 무관' 등의 이름을 등록하여 관리해 주면 된다.

② 지역을 새로 추가할 경우 '추가' 버튼을 클릭하고, 오른쪽 설정 관리 화면에 지역명 및 노출 설정을 선택한 후 '확인' 버튼을 눌러 준다.

③ 삭제하려는 지역은 해당 지역명을 선택 후 '삭제' 버튼을 클릭하면 된다.

2) 상품 등록 페이지

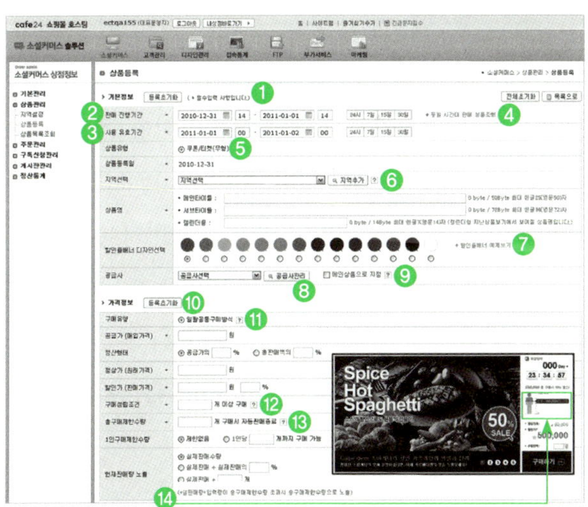

❶ *표 항목은 필수입력 항목이므로 반드시 입력해야 한다.

❷ 쿠폰/티켓을 판매하는 기간을 입력한다.

❸ 쿠폰/티켓 구매 후 해당 쿠폰의 발급번호로 사용 가능한 날짜를 입력한다. 쿠폰/티켓 사용은 주문 이후부터 가능하므로, 사용 유효기간이 판매 진행기간보다 과거 날짜로 등록될 수 없다.

❹ 판매 진행기간을 선택한 후 동일 시간대 판매 상품 조회를 클릭하면 해당 날짜와 중복되는 판매기간의 상품 리스트를 보여 준다.

❺ 상품 유형은 쿠폰/티켓 이외에 일반 배송 상품이 추가될 예정(2차 오픈 예정)이다.

❻ 한 상품에 여러 지역을 추가할 수 있으며, 프런트 화면에서 등록된 각 지역을 선택하면 동일한 상품이 보이는 기능이다. 체인점이나 프랜차이즈 등 제휴사와 지역별 상품 등이 필요할 때 해당 기능을 이용한다.

❼ 상품 페이지 메인 이미지 안의 할인율 배너이다.

❽ '공급사 관리'를 클릭하면 상품 공급사 관리 페이지가 열린다. 해당 페이지의 '등록' 버튼을 클릭하여 신규 공급사를 등록한다.

❾ '메인 상품으로 지정'을 체크하면 메인 화면(오늘의 상품 화면)에 우선순위로 등록되며, 중복 체크 상품이 많을 경우 최근 등록한 상품순으로 우선순위가 결정된다.

❿ '등록 초기화' 버튼을 클릭하면 해당 항목의 정보들만 초기화되어 새로 등록할 수 있다.

⓫ 구매 유형의 경우 일괄 공동구매 방식 이외에 슬라이드 구매 방식이 추가될 예정(2차 오픈 예정)이다.

⓬ 구매가 성립되기 위한 최소 구매량을 설정하는 것이다. 예를 들어 구매성립 조건을 100으로 설정한 경우 100개 이상 판매되면 판매 조건이 달성되어 판매 성공으로 처리된다.

⓭ 총 구매 제한 수량은 구매성립 조건의 개수보다 높아야 한다. 구매성립 조건의 수량이 100개, 총 구매 제한 수량이 200개라면, 100개 이상 구매는 가능하나 200개까지 주문된 후에는 자동으로 판매가 종료된다.

⓮ 오늘의 상품 오른쪽에 노출되는 판매량 그래프를 실제 판매수량과 다르게 입력할 수 있는 기능이다.

3) 상품 등록 페이지와 이어지는 아래 페이지

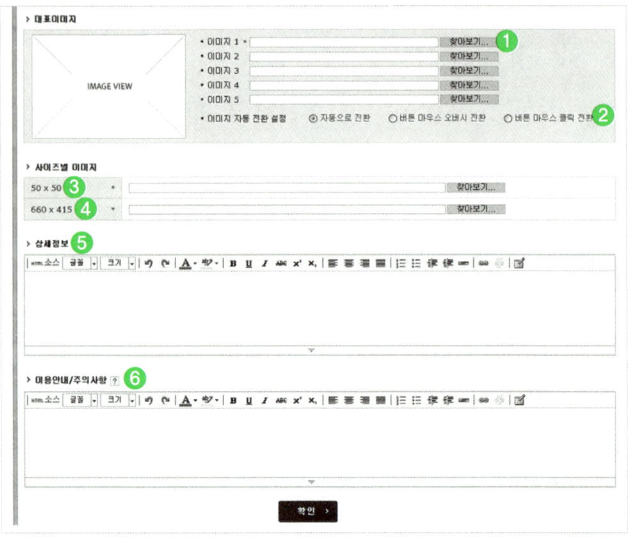

❶ 오늘의 상품 상단의 메인 이미지로 반드시 1개 이상 등록해야 한다.

❷ 이미지 자동전환 설정에 따라 이미지 전환 방법이 달라진다.

❸ 관리자 페이지 상품 리스트 및 프런트 페이지 '오늘의 상품' 배너 이미지에 노출되는 이미지 등록 항목이다.

❹ 쿠폰/티켓 주문 시 쿠폰 인쇄 이미지로 사용될 이미지 사이즈를 설정한다.

❺ 상세 정보 이미지를 제작하고, FTP 메뉴를 이용해 업로드하고, 이미지 태그를 사용하여 상세 정보 페이지를 등록할 수 있다.

❻ 이용안내 및 주의사항에는 쿠폰/티켓의 사용기간 및 주문 취소에 대한 규정 등 구매 및 사용에 있어 중요한 사항을 등록한다.

4) 상품 목록 조회 화면 – 캘린더형

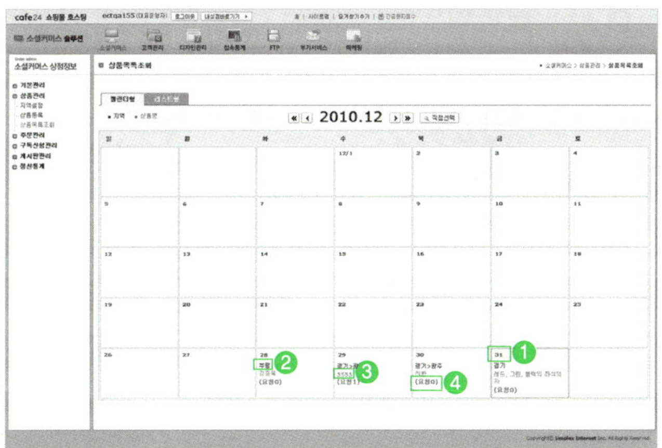

❶ 캘린더형 상품 조회의 경우 조회 날짜 영역에 색상 구분으로 오늘 날짜임을 표기한다.

❷ 해당 상품의 지역은 검은색으로 표시한다.

❸ 상품명은 파란색으로 표시한다. 상품명을 클릭하면 프런트 페이지(오늘의 상품)가 새 창으로 열린다. 상품 정보의 수정을 원하면 리스트형 탭으로 이동하여 상품명을 클릭하여 수정한다.

❹ (요청0)으로 표기된 것은 프런트 페이지의 지난 상품 보기에서 지난 상품에 대한 재판매신청을 클릭할 때 표기되는 카운팅 숫자이다. 고객의 호응도 조사 및 제휴사 설정에 도움을 주는 기능으로 마케팅에 참고할 수 있다.

❺ 날짜 선택 버튼으로 원하는 연도, 월을 직접 지정하여 상품을 조회한다.

5) 상품 목록 조회 화면 – 리스트형

❶ '상품 등록' 버튼을 클릭하여 신규 상품을 등록할 수 있다.

❷ '판매 중지'는 판매 진행 중인 상품을 강제로 판매 중지시키는 기능이다. 판매 상품에 대한 문제가 발생하거나 별도 이슈가 발생할 때 강제로 판매를 종료하도록 한다. 판매 중지의 경우 기존에 저장되었던 판매 진행 마감일이 중지 시점으로 변경되어 강제로 판매가 완료된다. 판매 중지한 상품의 판매 기간 및 상품 정보를 수정하는

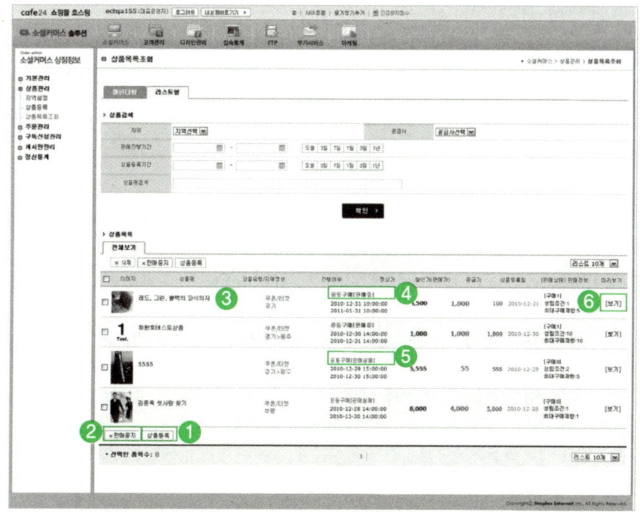

것은 불가능하며, 판매 중지한 상품을 재판매하려면 신
규로 상품을 등록해야 한다.

❸ 상품명을 클릭하면 '상품 수정' 창으로 이동하여 상
품 정보를 확인하거나 수정할 수 있다.

❹ 상세 페이지를 FTP에서 등록하고, html 태그로 설
정할 수 있다.

❺ 판매 중인 경우와 판매 실패(조건에 이르지 못한 경우
판매 실패)로 구분되어 노출된다. 판매 중지 때도 판매 실
패와 동일하게 붉은색 글씨로 표기된다.

❻ 미리보기 항목의 '보기' 버튼을 클릭하면 '오늘의

상품' 화면이 새 창으로 열린다.

상품 메인 이미지 만들기

메인 이미지의 경우 한눈에 어떤 상품인지 혹은 어떤 서비스인지 알아볼 수 있도록 제작한다. 유형 제품의 경우 제품을 촬영하여 실사를 보여줌으로써 상품에 대한 정보를 제공하고, 무형 제품의 경우 서비스를 받고 있는 모습이나 공연 모습 등을 보여 줌으로써 설명 없이도 어떤 상품인지 알 수 있도록 한다.

다음은 쿠팡에서 진행 중인 메인 상품 이미지이다. 큰 글씨로 상품명이 적혀 있고, 제품의 디테일 컷도 들어가 있다. 상단 왼쪽에 '배송'이라고 쓰여 있어서 배송 상품으로 받아볼 수 있는 것도 한눈에 알 수 있다.

아래 이미지는 왼쪽 글씨가 아니면 카페인지 헤어숍인지 구분하기 힘들다. 머리를 손질하고 있는 모습이라든가, 헤어 디자이너의 모습이 없어서 자칫 카페로 오해할 수 있다.

메인 컷의 경우 정확한 내용 전달을 위한 콘셉트 사진을 찍고 상품명을 정확하게 제시해 준다. 무형 상품의 경우 유효기간을 명시해 주고, 유형 상품의 경우 배송 상품인지 명시해 주면 좋다.

메인 이미지 아래에 들어갈 상세 페이지는 최대한 많은 내용을 보여준다. 대부분 진행되고 있는 상세 페이지의 길이를 보면 1만 픽셀을 훌쩍 넘는다. 그만큼 사전에 많은 정보를 제공해 주면 더욱더 믿음이 가고 구매로 이어지게 되는 것이다.

　카페를 예로 들면 카페의 외관, 내부 전경, 바, 테이블, 메뉴 구성, 인기 상품의 실물 사진, 위치와 영업시간, 이용하는 방법 등의 내용이 들어갈 수 있을 것이다.

　액세서리의 경우 브랜드 이미지, 상품의 디테일 사진, 업주의 모습, 숍의 전경, 외관, 상품의 구체적인 구성 및 재질에 대한 설명, 매장 위치, A/S와 관련된 사항 등을 넣어주면 될 것이다.

　기존에 기능적으로나 브랜드로 유명세를 가지고 있는 유형 상품의 경우는 굳이 많은 설명이 없어도 구매로 이어지기 때문에 1만 픽셀까지 필요 없는 경우도 있다.

　상세 정보 이미지를 제작했으면, FTP 메뉴를 이용해 업로드하고 이미지 태그를 사용하여 등록할 수 있다. 상세 정보 이미지의 가로 사이즈는 620픽셀 정도가 적당하다. 페이지가 나오면 상단 메뉴 FTP에 접속한 후 'web/upload' 폴더에 이미지를 업로드한다. 파일명은 반드시 영문으로 하고, 대소문자를 구분해야 한다. jpg나 gif 또는 png 등의 포맷으로 설정한 후 이미지가 잘 등록되었는지 확인한다. 이미지는 'http://social.판매자아이디.cafe24.com/web/upload/파일명.jpg'의 경로에서 확인할 수 있다.

상단의 메인 이미지는 5개까지 등록할 수 있다. 이미지를 등록하면 메인 화면에서 순차적으로 보인다. 상품의 다양한 정보를 상단에서 확인할 수 있도록 이미지를 등록한다. 1개 이상의 이미지를 등록하면 된다.

하단에는 이미지의 모션을 어떤 방식으로 보여 줄지를 선택하게 되어 있다. 기본은 자동으로 전환하도록 되어 있고, 마우스를 가져가거나 클릭했을 때 전환하게 하는 형태도 있다.

상세 페이지 등록하기

업로드가 완료되었다면 '소셜커머스 – 상품 관리 – 상품 등록' 페이지의 상세 정보 항목에서 'html 소스'를 클릭하고 html 코드로 이미지를 불러온다. 소스는 다음과 같다.

```
img src="http://social.판매자아이디.cafe24.com/web/upload/파일명.jpg"
```

이렇게 'http://'부터 파일의 전체 경로를 적어 주는 것을 '절대경로'라고 한다. 이것보다 간단하게 적어 주는 것을 '상대경로'라고 하는데 웹호스팅 서버에 올라가 있는 html 파일의 위치를 기준으로 상대경로를 작성해 주는 것을 의미한다. 간단하게는 다음과 같이 적어도 된다.

```
img src="/web/upload/파일명.jpg"
```

단, 상대경로를 사용할 경우 html 파일의 위치가 변경될 경우 이미지가 로딩이 되지 않을 수 있으니 주의해야 한다.

회사 소개 페이지 디자인하기

회사 소개 페이지는 PG사를 연결할 때 필수 조건이다. 회사 소개 페이지가 없으면 PG사로부터 신청을 거부당할 수 있다. 그러므로 반드시 등록하도록 한다.

기본적으로 회사 소개 페이지는 빈 영역으로 설정되어 있다. 회사 소개 페이지를 편집하기 위해서는 '소셜커머

스 – 기본 관리 – 상점 기본 설정' 하단의 '회사 소개' 메뉴에서 편집할 수 있다. 이미지를 등록하는 방법은 상세 페이지를 등록하는 방법과 같다.

통 이미지로 제작할 경우 이미지를 제작하고 FTP의 'web/upload'에 올린 다음 html 소스를 클릭하고 <img src="http://social.판매자아이디.cafe24.com/web/upload/파일명.jpg"> 코드를 입력한다.

회사 소개 페이지에 들어갈 수 있는 내용으로는 연혁, 매출 내역, 조직도, 회사의 주력 상품 등이다. 또는 주요 서비스, 회사의 비전이나 특화된 장점을 통해 경쟁력을 표현한다.

회사 개요의 경우 회사 경영 이념, 경영 목표, 비전 등이 있고 비전을 조금 더 깊이 파고들면 주요 실적이나 마케팅, 제휴 기술 등에 관한 내용을 언급할 수 있다. 그리고 조직 구성이나 운영진 소개, 주요 연혁, 주주 구성, 특허 등을 소개 메뉴에 작성한다.

사업 소개의 경우 사업 분야나 사업 개요, 경쟁력 등에 대해 소개한다. 사업 분야는 주요 프로젝트나 솔루션 등이 있겠고, 시장 현황, 또는 비전이나 경쟁력 주요 실적을 여기에서 작성할 수도 있다.

재무 현황은 자본금, 주주 구성, 추정손익계산서, 추정대차대조 등의 내용이 있다.

무형 상품 판매하기

무형 상품이란 공연, 영화, 마사지, 음식 등 서비스를 받는 상품들을 말한다. 무형 상품을 판매하려면 쿠폰을 발급해야 한다. 쿠폰 발급을 코드번호로 전송할지, 기프티콘의 형태인 MMS로 전송할지, QR코드(QRcode)로 전송할지 아니면 메일 주소로 보낼지 등 다양한 방법들을 생각해 보자. 무형 상품은 유효기간이 존재한다. 결제 후 기간 이내에 쿠폰을 소진해야 하는 것이다.

1) 공연

공연은 공연장의 위치와 좌석 지정 방법, 공연 날짜와 시간 등 상세한 정보를 기재한다. 그리고 공연장의 좌석 배치도를 보여 줌으로써 구매한 공연의 표가 어디에 위치하는지 미리 알려준다. 티켓 구매를 현장에서 해야 한다면 최소 몇 분 전에 공연장에 도착하여 구매하라는 안내 문구도 잊지 않고 적어 준다.

2) 전시

전시회 쿠폰 역시 유효기간과 장소와 전시 기간, 전시 개요 등에 대한 정보를 입력한다. 전시회는 주말에 엄청난 인파가 몰려들기 때문에 쿠폰 고객의 경우 대기 시간이 2배로 길어질 수 있다. 쿠폰을 티켓으로 교환하기 위해 줄을 기다리고, 또 티켓으로 입장하기 위해 줄을 기다려야 하는 것이다. 엄청난 인파로 인해서 상품에 대한 불만족을 느낄 수 있으므로 사전에 사람들이 몰릴 시간대와 설명을 충분히 상세 페이지에 안내하도록 한다.

3) 맛집

맛집은 유효기간과 가게 위치, 운영 시간 등을 구체적으로 작성한다. 공연이나 영화 등과는 달리 음식점은 쿠폰을 사용할 경우 서비스의 질이 떨어진다는 불만을 많이 볼 수 있다. 따라서 쿠폰 고객을 일반 고객과 차별하여 서비스하지 않도록 계약 전에 미리 업체와 상의해야 한다.

음식점은 미리 예약을 하고 가야 하는 경우도 있다. 손님이 몰리는 시간대에 쿠폰 고객을 받지 않거나 하루에 오는 쿠폰 고객 수를 제한할 경우도 있다. 그럴 경우 오히려 소셜커머스의 장점이 역효과로 나타날 수 있으므로 주의한다.

유형 상품 판매하기

택배 발송이 되는 실물 상품을 유형 상품이라고 한다.

유형 상품 판매의 경우에는 일괄 배송할 날짜를 언급해 주고, 배송은 얼마나 걸리는지에 대한 설명과 상세 페이지에 상품 구성에 대한 오해가 없도록 사진과 설명을 적절히 사용하도록 한다. 가끔 이미지는 세트로 구성되어 있는데 단품만 발송될 경우 이미지와 실제 상품이 틀려서 고객들이 불만을 토로하기도 한다.

유형 상품은 택배비도 중요하다. 몇 개 이상 구입하면 무료배송을 할 것인지 아니면 상품이 무겁거나 부피가 커서 개수만큼 택배비를 지불할지 등을 기재해 놓는다. 고객 변심에 따른 왕복 배송비 부담이나 환불, 교환, 고객센터 전화번호 등에 대해서도 꼼꼼하게 작성한다. 유효기간이 필요한 상품의 경우 제조일자나 유효기간에 대한 설명도 필요하다.

쿠폰 발송하기

카페24에서는 기본적으로 인증번호 SMS와 이메일 발송이 있다. 그 외에도 요즘 마케팅 수단으로 많이 활용되고 있는 QR코드를 전송하는 곳도 있다. 인증번호로 발송하는 경우 업체에 가져가서 인증번호를 하나하나 입력

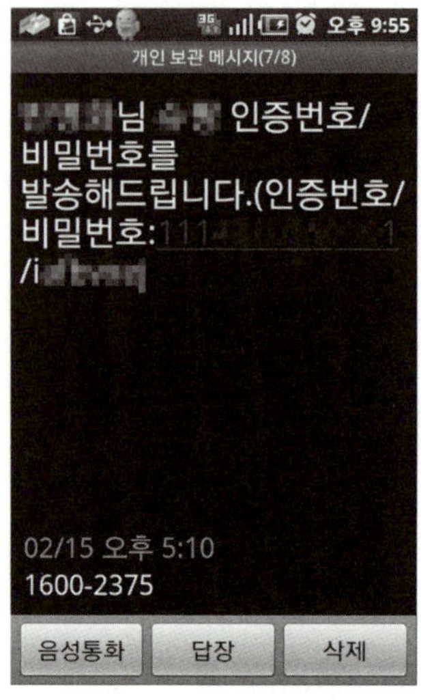

카페24의 인증번호 SMS와 QR코드 전송

해야 하니 다소 번거로울 수 있다. QR코드의 경우 스캔 한 번으로 내용 확인이 가능해 간편하게 이용할 수 있다. 이메일은 쿠폰을 출력해서 지참해야 한다.

카페24 쿠폰발송 관리자 페이지 살펴보기

1) 쿠폰/티켓 대기 목록

❶ 쿠폰/티켓 대기목록에서 판매 중인 상품 중 구매조 건 달성(상품 등록 시 설정하는 구매 성립 주문 수)에 따라

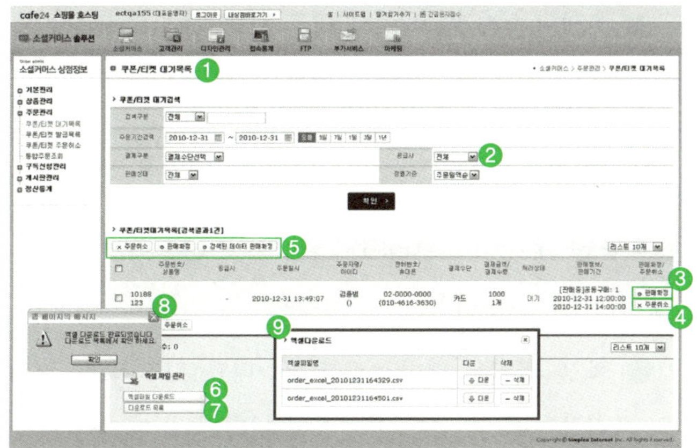

아직 최소 구매 수량에 도달하지 않은 주문건에 대한 리스트를 조회할 수 있다.

❷ 정렬 기준을 주문일 역순으로 지정하여 검색하는 경우 최근 주문순부터 조회할 수 있다.

❸ 판매 확정은 대기 중인 주문건을 확정 처리하여, 쿠폰번호를 발급(SMS, 이메일 발송)해 주는 기능으로, 구매 성립 조건(주문 수량) 달성 이전에 수동으로 발급이 가능하다. 구매성립 조건이 달성되지 않아도 필요에 의해 관리자가 직접 판매 확정 처리를 할 수 있다.

❹ 아직 진행 중인 경우 관리자가 직접 주문 취소 처리를 할 수 있어, 주문 취소된 주문건은 쿠폰/티켓 주문 취소에서 조회할 수 있다.

❺ 검색된 모든 대기 건에 대한 전체 판매 확정을 일괄 처리한다.

❻ 주문 관리 메뉴에서 엑셀 다운로드 이용 시 '엑셀 파일 다운로드' 버튼을 먼저 클릭하여 엑셀 파일 다운 리스트를 생성한다. 클릭 시 ❽과 같은 알림창이 나타난다.

❼ 엑셀 파일을 다운로드한 후 '다운로드 목록' 버튼을 클릭하면 ❾와 같은 팝업창이 나타난다. 여기서 다운로드했던 엑셀 목록을 확인하여 원하는 파일을 다운로드할 수 있다.

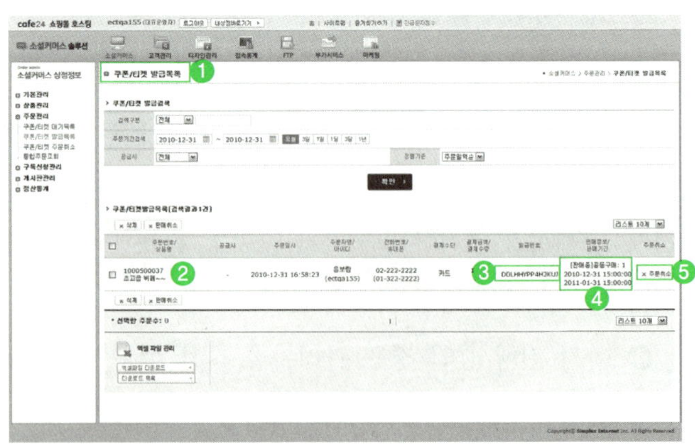

2) 쿠폰/티켓 발급 목록

❶ 쿠폰/티켓 발급 목록은 결제 완료된 대기 주문건에 쿠폰번호가 발급된 목록이다. 구매성립 조건 달성으로 자동 판매확정된 주문 및 관리자가 직접 판매확정 처리한 주문건을 노출하는 메뉴이다. 판매확정은 쿠폰번호 발급을 의미하며, 주문결제 완료한 고객이 해당 쿠폰번호를 기준으로 쿠폰을 사용한다.

❷ 주문번호는 결제 완료 시 자동 생성되는 번호를 의미하며, 쿠폰/티켓 발급번호와는 무관하다. 주문번호는 쿠폰/티켓의 판매확정과 관계없이 주문과 함께 생성되는 번호이다.

❸ 발급번호는 해당 상품의 판매 확정 시 노출되는 항목이다. 판매확정은 구매성립 조건(최소 판매 개수) 달성 이전 판매 중에도 수동으로 판매확정이 가능하며, 구매성립 조건을 달성한 상품은 자동으로 판매확정 처리가 된다. 자동으로 판매확정된 주문건은 마찬가지로 자동으로 쿠폰번호가 발급되며, SMS 및 이메일로 전송된다.

❹ 판매 중인 상품의 종류와 기간을 표시한다.

❺ 수동으로 주문을 취소한다.

3) 쿠폰/티켓 주문취소

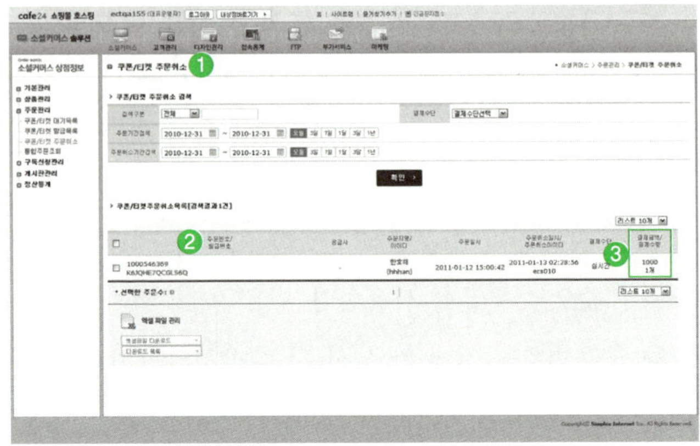

❶ 결제완료만 되고 아직 판매확정(쿠폰번호 발급)이 되지 않은 주문건 또는 자동으로 판매확정 처리가 된 판매성공 주문건, 수동으로 판매확정 처리를 완료한 주문건 모두 어떤 상태에서든지 주문취소 처리는 가능하다. 주문취소 시에 PG사 결제취소가 동시에 진행된다. 고객이 결제한 결제일에 주문취소 시 곧바로 결제가 취소되나, 결제일이 수일 지난 후에 주문취소 처리를 하면 결제취소에 시간이 걸릴 수 있으니 유의해야 한다.

❷ 주문건에 대해 판매확정 처리를 하기 전에 주문취소 처리를 한 경우 주문한 고객의 웹페이지에 발급번호

를 확인할 수 없다. 자동 또는 수동(판매확정하여 이미 쿠폰번호가 발급된 주문건)으로 주문취소한 경우, 고객이 SMS 또는 이메일로 이미 쿠폰번호를 발급받았을 수 있으므로, 취소건에 대한 발급번호를 공급사(제휴업체)에 정확하게 전달해야 하고, 취소된 주문을 고객에게 반드시 확인해야 한다.

❸ 해당 고객이 결제한 주문건에 대한 수량을 표기한다. 고객 1명당 구매 가능한 수량을 제한한 경우 구매 수량이 제한 수량을 넘을 수 없다.

4) 통합 주문조회 화면

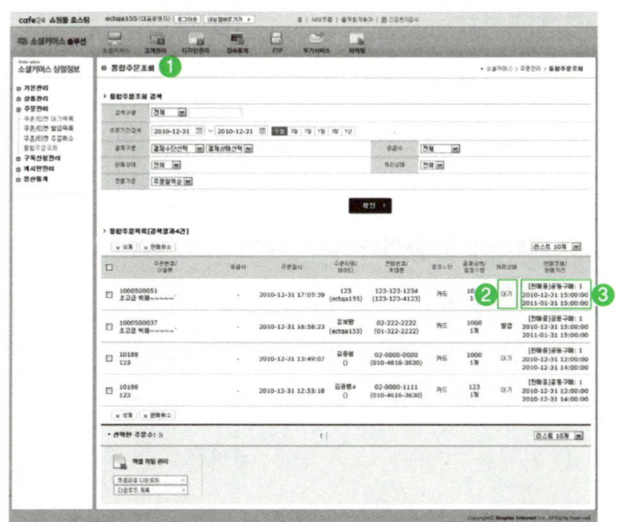

❶ 통합 주문조회는 쿠폰/티켓의 대기목록(결제완료 상태), 발급목록(판매확정 후 쿠폰번호 발급 상태), 주문취소목록(판매 중 또는 판매완료 이후에 취소 처리 가능한 주문 상태) 모두를 조회할 수 있는 메뉴이다.

❷ 조회된 주문건을 통합 주문조회에서도 판매취소 처리를 할 수 있다. 판매확정 처리 이후 쿠폰번호가 발급된 주문건에 대해서도 부득이한 경우 판매취소 기능을 이용하여 주문을 취소할 수 있다.

❸ 판매 정보와 기간을 알 수 있다.

사후 처리하기

1) 반품이나 교환

일반 쇼핑몰과는 달리 소셜커머스는 반품이나 교환이 불가능하다. 일정기간 내 사용하지 못하면 환불을 해주지 않기 때문에 반품이나 교환 등의 사후처리가 일반 쇼핑몰에 비해 적다.

물론 요청이 아예 없는 것은 아니다. 약관을 잘 명시하여 소비자가 헷갈리지 않게 판매 상세 페이지에 기재를 해주고, 기재한 내용과 다른 경우 예외적으로 환불을 해

주기도 한다. 예를 들어 스키장 패키지를 구매하였는데 예정일보다 일찍 폐장한 경우 업체 측에서 약속기간을 지키지 않았으므로 환불을 해주기도 한다.

2) 고객 만족도 체크

소셜커머스의 목적은 박리다매로 짧은 순간에 매출을 많이 올리는 것이 아니라 많은 사람들에게 이런 상품도 있다는 홍보를 하는 데 있다. 한번 찾아온 손님을 끝까지 단골고객으로 유치하기 위한 투자라고 할 수 있다. 그러므로 싼 가격에 찾아온 손님이라고 해서 홀대할 경우 오히려 가게의 서비스 질이 나쁘다는 입소문이 퍼지게 될 가능성이 있다.

사용 고객들에게 적극적으로 후기를 남길 수 있도록 유도하자. 만족한 고객들에게 상품 후기를 작성하게 하여 포인트나 이벤트 사은품을 주는 것도 좋은 방법이다. 또한 고객들의 피드백을 업체에 잘 전달하면 업체는 개선사항에 대한 정보도 받을 수 있고, 사이트에 대한 고객의 신뢰도도 높아지는 일석이조의 방법이 될 수 있다.

3) 물량 확보에 실패해 딜이 진행되지 않았을 때

무리한 진행으로 공동구매 인원을 달성하였더라도 물량을 확보하지 못해 딜이 진행되지 못하고 고객과의 약속을 지키지 못하는 경우도 있다. 최근 그루폰에서는 진행되었던 공동구매가 실패하여 사과공지를 띄운 적이 있다.

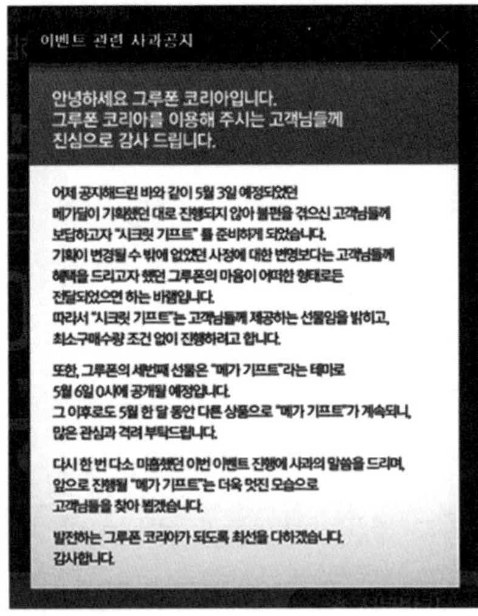

최근 주부9단에서 진행하였던 화장품 관련 딜 역시 물량을 맞추지 못해 진행을 못하게 된 적이 있다. 이때 딜을 진행하지 못해 죄송하다는 전화와 함께 사과의 뜻으로 샘플을 보내 주는 신속한 대응을 하였다.

이렇게 사전에 충분히 진행이 가능한지 협의하여 딜을 해야 하고, 피치 못하게 업체 측 사정으로 딜을 성사시킬 수 없을 때는 충분한 사과와 공지로 고객들을 이해시키고 떠나지 않도록 작은 정성을 표시하는 것이 좋다. 예를 들어 해당 제품의 샘플을 제공하거나 포인트를 적립시키는 등 고객과의 약속을 이행시키지 못한 것에 대한 충분한 사과를 해야 한다.

4) 이슈가 된 상품 앙코르

반응이 좋았던 상품에 한해서 사용자들이 일정 이상의 앙코르(Encore)를 요청할 경우 재구매가 가능하도록 하는 앙코르 서비스도 많이 진행되고 있다.

이렇게 하면 고객들이 만족하게 되고 사이트에 대한 신뢰도가 높아져 언제든 다시 찾아올 수 있는 여지가 생긴다. 그러나 한 가지 브랜드 또는 상품을 너무 자주 진행하게 되면 상품의 가치가 떨어지므로 자제하기 바란다.

Seven Days Master Series

아이템 확장과 사이트 유지 · 보수하기

하루에 판매하는 상품 수와
제휴업체를 늘려라

소셜커머스는 대부분 개업할 때 평균 1개 혹은 5개 이하의 상품을 가지고 운영한다. 몇 개월 동안 운영을 해보고 사업이 잘되면 영업사원을 뽑아 다양한 상품을 가지고 확장하게 된다.

좋은 상품이 다양하고 많으면 소비자들은 좋겠지만, 무작정 상품을 늘리기보다는 관리를 하면서 상품의 질을 높이는 것이 무엇보다 중요하다. 1개의 물건을 팔더라도 상품의 품질과 서비스, 친절한 고객응대는 다양한 물건을 파는 것보다 100만 배의 매출효과를 얻을 수 있기 때문이다.

잘나가는 소셜커머스 사이트는 어떻게 진화했을까?

소셜커머스 상위 업체인 티켓몬스터와 쿠팡 사이트의 진화를 살펴보자. 티켓몬스터는 처음에 5개의 상품으로 시작했다. 사이트 상단을 보면 지역명 표기도 없었고, 상품명도 표기되지 않았다. 상품을 확인할 수 있는 방법은 플래시 배너 왼쪽 상단에 있는 1부터 5의 숫자가 돌아가면 상품을 알 수 있는 방식이었다.

초창기 티켓몬스터 사이트

하지만 상품이 늘어나면서 사이트가 중간에 몇 번씩 바뀌더니 현재는 지역별로 나눈 '오늘의 티몬', 배송 상품을 묶어 놓은 '티몬 스토어', 여행이나 관광지를 모아 놓은 '티몬 투어'의 콘셉트로 확장시켰다.

지역별 상품 – 오늘의 티몬

배송 상품 – 티몬 스토어

하루에 한 가지 상품만 판매했던 초창기 쿠팡 사이트

지역별, 콘셉트 확장으로 변경된 현재 쿠팡 사이트

쿠팡은 하루에 한 가지 상품을 판매하는 단일 상품 소셜커머스 콘셉트였지만, 1년이 지난 지금은 50개 이상의 상품을 판매하고 있다.

쿠팡도 티켓몬스터와 마찬가지로 지역별, 콘셉트별로 확장된 것을 볼 수 있으며, 티켓몬스터와 다르게 모든 상품을 한번에 볼 수 있는 형태로 구성되어 있다.

하루에 판매하는 상품 수를 늘리기 위한 방법으로는 다음과 같은 방법이 있다.

① 제휴업체 늘리기

② 영업사원 늘리기

③ 다른 소셜커머스 업체와 제휴하기

④ 온라인 오픈마켓과 오프라인 업체와 제휴

⑤ 상위 업체 간 인수 또는 대기업의 합병

⑥ 외국 시장 개척

⑦ 자금, 자본력

주기적으로 메인 페이지 분위기를 바꿔라

메인 페이지의 분위기를 바꾸기 위한 가장 적절한 방법은 배경 이미지를 교체하는 것이다. 그 외의 이미지 배치나 레이아웃을 주기적으로 바꾼다면 그것은 고객들을 헷갈리게 만드는 꼴이 되고 말 것이다. 레이아웃을 바꾸거나 전체적인 분위기를 바꾸는 것은 1년에 한 번씩 혹은 서비스를 확장 또는 변경할 때에 진행하는 것이 좋다.

주기적으로 사이트의 분위기를 바꾸되 사이트에 접속한 고객이 '아 내가 OOO쇼핑몰에 접속했구나'라는 것을 인식시켜 줄 수 있는 범위에서 진행되어야 한다. 사이트 분위기를 과감하게 바꾸어서 고객들로 하여금 자신이 지금 어떤 곳에 접속하고 있는지를 잊지 않게 해야 한다.

분위기를 바꾸어 주기에 적절한 시기는 새해, 밸런타인데이, 어린이날, 어버이날, 크리스마스 등의 시즌이다. 적절한 시기에 적절한 분위기로 교체하면 시즌 전에 물건 구매를 유도할 수 있을 것이다.

그리고 계절의 느낌을 반영한 분위기 변신도 필요하다. 한 여름에 관광지 상품을 판매할 때는 떠나고 싶은 마음이 들도록 시원하고 아름다운 관광지 사진을 이용하여 분위기를 변신시켜 보는 것도 좋다.

티켓몬스터의 경우 여름을 맞이하여 상단 내비게이션

업데이트 이전의 티켓몬스터

현재의 티켓몬스터

영역의 까만색 바탕 화면과 회색 바탕 화면을 하얀색으로 바꾸었는데 답답해 보이던 사이트가 좀 더 환하게 바뀐 것 같다. 이런 디자인 변경과 함께 사이트 접속 시 여름 휴가철을 맞은 상품을 띄운다면 조금 더 효율적인 효과를 누릴 것이다.

지속적으로 이벤트를 진행하라

지속적으로 사이트를 유지하려면 지속적인 이벤트가 필요하다. 맨 처음 사이트를 열면 회원가입 유치를 위한 다양한 이벤트를 진행해야 하고, 어느 정도 회원이 모이면 모인 회원을 단골로 만들기 위한 프로모션을 진행해야 한다. 수많은 소셜커머스 사이트들 중에서도 한번 보고 잊히는 그런 사이트가 아니라 매일이 기대되고 다양한 혜택까지 누릴 수 있는 소셜커머스가 되어야 한다.

커뮤니티 활성화

고객의 충성도를 높이기 위해서는 회원끼리의 커뮤니

티를 활성화시키고 빠른 Q&A가 진행되어야 한다. 상점과 구매 고객 간의 Q&A가 잘 이루어진다면 고개들은 소셜커머스에 대해 더욱더 믿음을 가질 것이다. Q&A를 진행한다면 반복적인 질문을 피할 수 있다는 장점을 가질 수 있다. 물론 나쁜 글이 올라올 수도 있다는 리스크도 있을 것이다. 그러나 그러한 고객을 응대하는 과정을

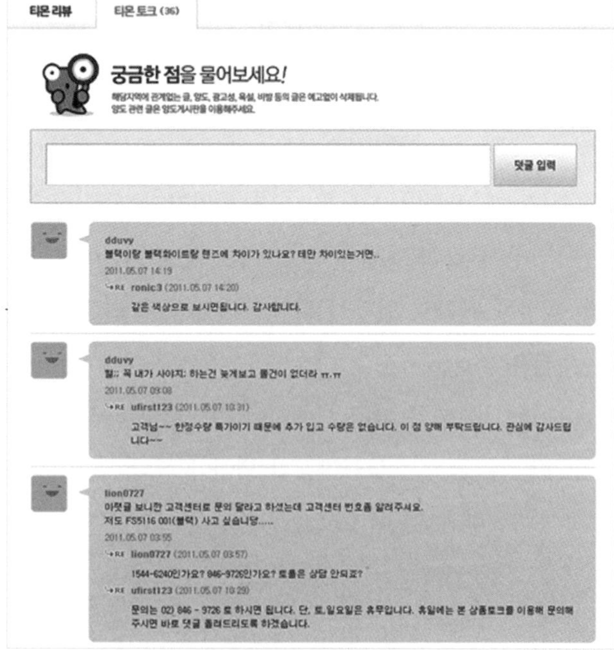

티켓몬스터의 티몬 토크

다른 회원들이 볼 수 있기 때문에 더욱더 믿음이 가는 사이트가 될 수도 있다.

티켓몬스터는 '티몬토크'라는 코너를 통해서 실시간으로 고객과 상점 간의 Q&A를 진행하고 있다. 구매 전 궁금한 사항에 대해 모든 고객이 똑같은 정보를 공유할 수 있다. 질문을 하면 바로 답글을 볼 수 있다. 그리고 티몬토크 탭의 타이틀 옆에 숫자로 몇 가지의 질문이 올라가 있는지도 확인할 수 있다. 디지털 세상에서 빠른 피드백은 고객들의 갈증을 해소하고 만족감을 향상시키는 효과를 가져올 것이다.

위메이크프라이스는 '양도 게시판'을 따로 두고 있는 것이 특징이다. 대부분의 사이트가 회원 간의 직거래를 금지하고 있는 데 반해 필요 없어진 쿠폰에 대해서 회원 간에 양도가 가능한 커뮤니티 채널을 만들어 주고 있다.

반품이나 교환이 어려운 소셜커머스 상품의 특성을 고려한다면 양도게시판이 긍정적일 수도 있다. 그러나 안전거래를 보장할 수 없기 때문에 여러 가지 부작용이 생길 수도 있다. 따라서 부작용을 최소화하기 위한 노력이 필요하다. 위메이크프라이스의 경우 양도게시판의 아이디를 클릭하면 그 회원의 구매리스트를 확인할 수 있다.

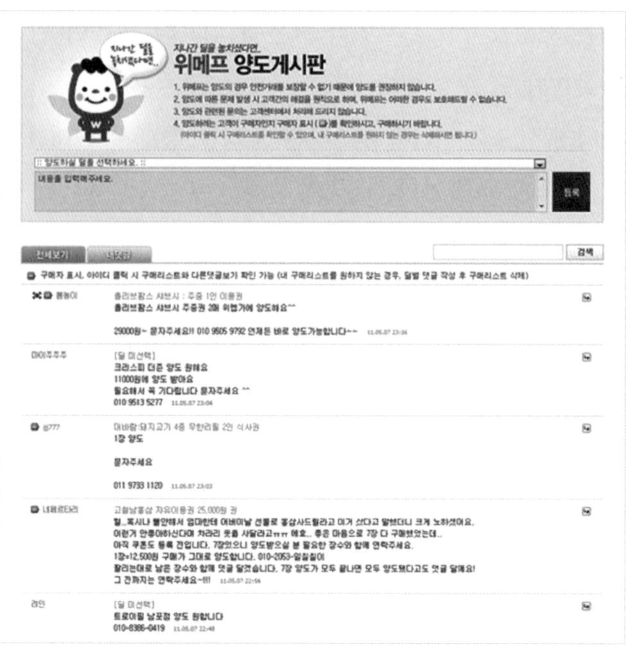

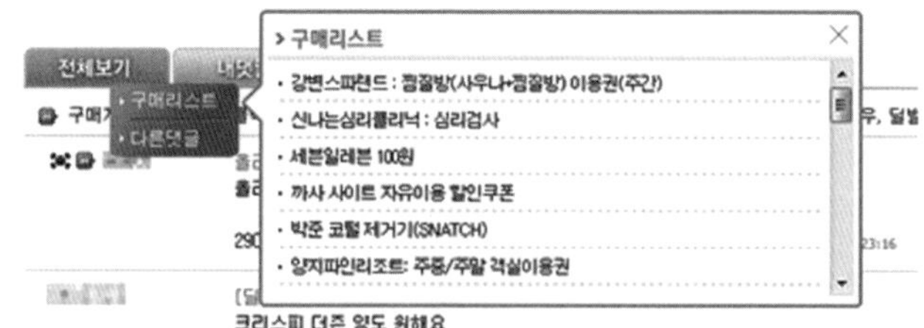

위메이크프라이스의 양도 게시판

신규가입 이벤트

신규고객을 유치하기 위해서 소셜커머스 사이트에서는 여러 가지 이벤트를 진행한다. 보통 첫 구매고객 또는 친구의 소개를 통해 가입한 경우, 현금처럼 사용 가능한 적립금을 주는 이벤트를 많이 진행한다. 보통 첫 구매 후 만족하면 재구매 확률이 높아지기 때문에 첫 구매 유도가 가장 효과적인 이벤트라고 할 수 있다.

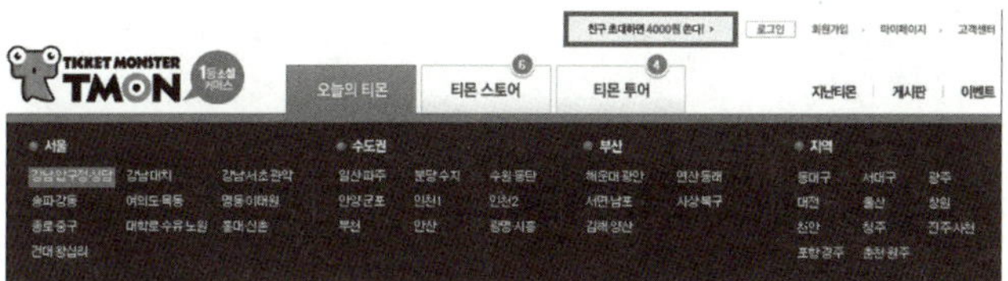

티켓 몬스터 – 친구를 초대하면 4,000원의 적립금을 준다.

소셜형 이벤트

슈퍼딜로 유명했던 위메이크프라이스는 회원 중 1명에게 10억 원을 주는 쇼킹한 이벤트를 제공했다. 10억 원을 타기 위해 회원들이 직접 가업도 하고 적극적으로 친구를 가입시키는 등 반응이 매우 폭발적이었다.

이렇듯 프로모션을 통해 회원들이 스스로 입소문을 퍼뜨리고 회원가입 유치를 적극적으로 유도하는 말 그대

위메이크프라이스는 회원가입 유치를 위한 쇼킹 이벤트를 진행했다.

로 소셜형 이벤트를 진행한다.

시즌 이벤트 선정

어린이날, 어버이날, 스승의 날, 성년의 날, 화이트데이, 밸런타인데이, 크리스마스 등 선물을 사기 위해 소비가 급격하게 늘어나는 시즌에 맞추어서 상품을 내건다면 더욱더 효과적인 마케팅이 될 것이다. 어버이날을 앞두고 안마기나 효도관광 상품 등을 올리거나 여름 휴가철을 앞두고 선글라스나 수영복 등의 상품을 진행하면 더욱더 많은 실적을 올릴 수 있을 것이다.

예를 들어 5월은 어린이날, 어버이날, 스승의 날 등 이벤트가 가능한 날이 많다. 따라서 5월을 소비를 유도하는 달로 목적에 맞추어 적절한 상품의 딜을 진행한다면 더욱 고객들의 실생활에 녹아들 수 있을 것이다. 이벤트가 있는 시즌이 되면 자연스레 사이트에 접속하도록 만드는 것이다.

어버이날을 대상으로 한 쿠팡의 효도관광 상품

주부들을 타깃으로 하는 주부9단 사이트, 어린이날을 맞아
뽀로로 상품의 딜을 진행하고 있다.

상품 판매와는 다소 거리가 있지만, 최근 슈팡은 5월 5일 어린이날을 맞아 서울 잠실에서 '슈팡과 함께하는 미아방지 캠페인' 행사를 열었다. 슈팡 측은 어린이날 미아가 되기 쉬운 어린이들을 위해 이름과 비상연락처를 기입한 미아방지 안심 명찰과 슈팡 풍선을 증정했다. 이처럼 기업의 이미지를 상승시키는 캠페인 형태의 이벤트도 좋은 효과가 있다.

타깃을 고려한 이벤트 선정하기

인터넷을 자주 사용하고 온라인 쇼핑몰을 자주 이용

할 것 같은 대상을 공략하는 것도 좋은 방법이다. 쇼핑몰 고객 중 20~30대 여성이 가장 많은 비중을 차지하고 있다. 직장에서 일하느라 오프라인 구매가 힘든 회사원일 수도 있고, 출산한 지 얼마 되지 않아 밖으로 나가기 힘든 아기엄마일 수도 있다. 아기 엄마라면 살 것은 많은데 아기 때문에 밖으로 나가기 힘들어서 주로 인터넷으로 장을 보거나 물건을 구입한다.

엄마들만큼 입소문이 빠른 고객도 없을 것이다. 엄마들은 각종 카페나 블로그 등 커뮤니티를 통해서 아이에게 좋은 상품이나 후기들을 열심히 검색하고 비교 분석하여 구매하게 된다. 특정 타킷을 고려하고 이에 맞게 이벤트를 선정하는 것도 중요하다.

재고품을 소비할 수 있는 기회 찾기

무리한 반값 상품 판매로 인해서 손해를 보는 것이 두렵다면, 쌓여 있는 재고품이나 이월상품으로 반값 행사를 진행하는 것도 나쁘지 않겠다. 인지도 있는 브랜드 상품의 경우 이월 상품이라도 많은 사람들이 구매하기를 원할 것이다. 고객의 입장에서는 싼 가격에 고가의 브랜드 제품을 구매할 수 있는 좋은 기회이고, 판매자 입장에서는 남은 재고도 처리하고 돈도 벌 수 있는 일석이조의 기회가 될 것이다.

브랜드 가치가 높은 상품의 반값 행사인 경우 구매하려는 사람들이 너무 싼 가격에 진품이 맞는지 의심하는 경우도 많다. 상세 페이지에 정품에 대한 설명과 확신을 심어주는 것이 중요하다.

출석 체크 이벤트

출석 체크 이벤트는 쇼핑몰 관리자들이 가장 선호하는 이벤트이다. 관리자들이 이 이벤트를 가능하도록 기능을 추가해 달라는 요구가 많다. 이 이벤트는 쇼핑몰 사이트에서도 유용하지만, 매일매일 새로운 상품으로 딜을 하는 소셜커머스 사이트에 더 적합한 이벤트라고 생각된다.

사람들이 쇼핑몰에 가장 많이 접속하는 시간대는 오전 9시부터 오후 6시까지이다. 이 시간대가 인터넷 접근이 용이하고, 직장인들이 많이 이용하는 시간이기 때문이다. 직장인들은 매일 아침 출근 후 꼭 살 것이 없더라도, 오늘의 상품이 무엇인지 하는 호기심으로 소셜커머

롯데닷컴과 엔젤리너스가 함께 진행하는 출석 체크 이벤트

스 사이트를 방문하게 된다. 당장 내게 필요하지는 않더라도, 옆 자리에 있는 직장 동료에게 필요한 물건을 추천하기도 하고, 주변 사람들의 동네에서 필요한 쿠폰이 보이면 추천해주는 경우도 적지 않다.

이런 사람들을 생각해보면, 출석 도장을 찍어 포인트나 혜택을 주고, 주변인에게의 추천을 유도하는 등, 출석 이벤트는 사이트에 대한 충성도도 높이고, 입소문도 낼 수 있는 좋은 이벤트가 될 수 있다.

포인트 적립 이벤트

포인트 적립을 해주는 이벤트에는 여러 가지 종류가 있다. 앞서 신규가입 이벤트에서 언급한 것처럼 친구의 초기 가입을 유도했을 경우 포인트를 적립해주는 이벤트도 있다. 또한 상품을 구매할 때마다 일정 금액을 포인트로 적립해 주는 경우, 후기를 남기면 적립해 주는 경우도 있을 수 있다.

소셜커머스 사이트가 아니더라도 쇼핑몰이라면 대부분 포인트 적립 이벤트를 진행하고 있다. 이는 지속적인 방문을 유도하고 고객의 충성도를 올리기 위한 좋은 방법이다.

설문조사 이벤트

설문조사는 고객의 생각을 읽고 서비스를 개선할 수 있는 좋은 척도가 된다. 따라서 설문조사는 UX(User Experience; 사용자 경험)의 가장 중요한 부분이기도 하다. 어떤 타깃이 어떤 상품 또는 어떤 서비스를 받고 싶어 하는지, 어떤 부분이 만족스럽지 않은지에 대한 피드백을 받고 사이트를 개선한다면, 고객과 소통하는 소셜커머스 사이트로서 더욱 많은 단골고객이 생길 것이다. 대부분 설문조사에 참여하는 것을 귀찮아하므로, 참여 고객에게 포인트, 적립금 등의 혜택을 주어 적극적으로 참여를 유도해야 한다.

설문의 질문은 쉬운 것부터 어려운 순서로 진행하는 것이 좋다. 첫 질문부터 복잡하고 어려우면 대부분 중도에 설문작성을 포기한다. 타깃을 선별하는 질문은 앞쪽에 하는 것이 좋다. 예를 들면 대학생을 타깃으로 설문을 하는 경우, 대학생인지의 확인유무를 설문 앞쪽에 하여, 해당되지 않는 설문자의 참여를 막는 것이 좋다.

설문의 순서는 논리적으로 자연스럽게 진행되어야 한다. 뒤죽박죽 섞인 질문의 경우 응답자가 혼란을 느끼게 되므로 질문의 연관성을 잘 생각하여 배치하도록 한다.

설문은 대부분 객관식으로 이루어지기 때문에 객관식 답의 항목에는 사용자가 생각할 수 있는 모든 항목이 존재해야 한다. 개방형 질문의 경우는 질문자가 제시하지 못한 답이 있을 수 있기 때문에 '기타'와 같은 항목을 추가하도록 한다.

설문 문항을 작성할 때 설문자를 비하하거나 무시하는 표현을 쓰지 말아야 하고, 답을 유도하는 질문도 피해야 한다. 그리고 한 가지 질문에는 한 가지의 내용만 담아야 한다. 어휘를 선택함에 있어서도 적당히, 조금, 약간 등의 불명확한 단어는 피하도록 한다.

설문을 통해서 고객들의 유입 경로를 파악하거나 방문 목적 등을 파악하고, 방문 횟수, 방문 시간대, 방문 날짜 등을 조사하여 그에 맞는 이벤트를 제공하도록 한다.

사용 후기 이벤트

사용 후기 이벤트는 딜을 진행한 상점의 장점이나 만족한 점을 소셜네트워크로 적절히 퍼트려 소셜커머스의 진정한 목적을 이루는 이벤트라고 하겠다. 홍보비용을 반값 판매로 대체하여 간접적 정보보다는 소비자들로 하여금 직접 경험해 보고 결정할 수 있는 좋은 기회를 제공하는 것이라 생각하면 되겠다.

사용 후기 이벤트를 직접 사이트에 작성하고 트워터나 페이스북 등 소셜네트워크에 등록하는 등의 이벤트를 진행하여 사이트 내에서 뿐만 아니라 소셜네트워크로의 확장을 유도하도록 하자. 또는 소셜네트워크에 소셜커머스 사이트의 프로모션 페이지를 등록하고 '리트윗' 하거

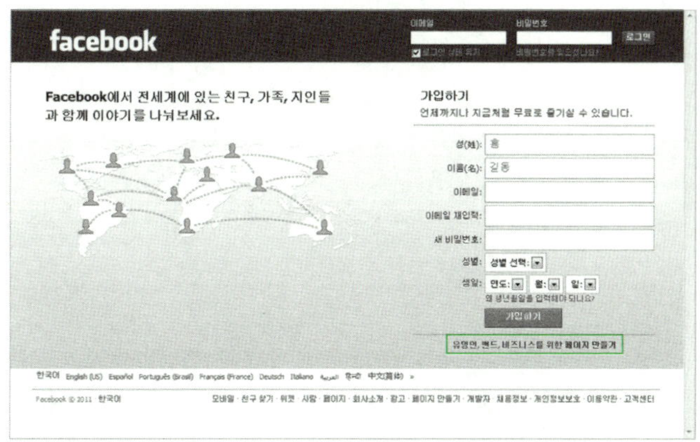

**페이스북 로그인 화면에서 하단의 '유명인, 밴드, 비즈니스를 위한
페이지 만들기'를 클릭하면 프로모션 사이트를 등록할 수 있다.**

나 '좋아요'를 클릭하는 등의 이벤트를 진행하는 것도 좋
겠다. 캡처 화면을 등록하거나 URL을 입력하여 이벤트를
신청할 수 있게 한다.

효율적인 마케팅의 첫걸음

일반적인 쇼핑몰의 마케팅 유형

쇼핑몰을 구축하고 상품을 등록했다면 창업 준비는 80% 마친 셈이다. 하지만 아무리 파격적인 가격으로 상품을 내놓았더라도, 사람들이 찾지 않는 쇼핑몰이라면 쇼핑몰로서 가치가 없다. 온라인 쇼핑몰을 시작하는 사람들은 대부분 이 단계에서 첫 번째 고비를 만나게 된다. 초기 자본을 넉넉하게 가지고 시작한다면 신문광고나 전단지를 돌리는 등 전통적인 매체를 활용한 광고를 할 수 있겠지만 비용 대비 효과를 보지 못한 채 '밑 빠진 독에 물 붓기'식의 경험만 하게 마련이다.

소셜커머스라고 무조건 새로운 마케팅 수단을 사용해야 하는 것은 아니다. 소셜커머스 역시 기존의 온라인 쇼핑몰이 특화된 것이므로 기존의 온라인 쇼핑몰이 고려할 수 있는 마케팅 수단을 고려해야 하는 것은 당연하다.

이번 장에서는 온라인 쇼핑몰을 운영할 때 기획할 수 있는 마케팅 유형을 하나씩 살펴볼 것이다. 여기에 나열된 방법이 완전한 정답은 아니며 이외에도 더 많은 방법이 존재할 수 있다. 하지만 온라인 쇼핑몰들이 대부분 한 번쯤은 고려하는 마케팅 유형을 살펴볼 것이며, 이 가운데 몇 가지를 선택해서 진행한다면 도움이 될 것이다.

이벤트

온라인 쇼핑몰을 개설한 후 고객을 유치하기 위해 가장 먼저 할 수 있는 것이 바로 오픈 이벤트를 기획하는 것이다. 자금에 여유가 있다면 경품을 내건 추첨 방식의 이벤트로 기획할 수도 있고, 그렇지 않다 하더라도 할인이나 쿠폰, 적립금 지급과 같은 이벤트를 통해 회원가입에 대한 혜택을 줄 수도 있다.

또한 정기적인 할인 이벤트 등을 통하여 지속적인 방문을 유도할 수 있으므로, 이벤트는 온라인 쇼핑몰이 선택할 수 있는 가장 손쉬운 마케팅 수단이다.

추천 마케팅

추천 마케팅은 기존의 회원이 친구들에게 쇼핑몰을 소개하여 친구들이 회원으로 가입하고 구매까지 이뤄졌을 경우 추천인에게 추가 적립금이나 쿠폰, 경품 등 혜택을 주는 것을 말한다. 이것은 바이럴 마케팅(Viral Marketing: 이메일을 통한 홍보와 같은 바이러스성 마케팅)의 일환일 수 있으며, 보상이 커질수록 기존 회원이 적극적으로 추천을 하게 되므로, 회원 유치에 큰 효과를 볼 수 있다.

다음 마이피플 친구 초대 이벤트

메일링 리스트

메일링 리스트는 오래된 온라인 마케팅 수단 중 하나이다. 메일링 리스트를 회원에게 보내는 대량 메일의 개념과 동일하게 생각하기 쉬우나 조금 차이가 있다. 메일링 리스트는 회원 가입 여부와는 관계없이 별도의 메일링 리스트 신청 화면을 통해 저장된 메일 주소들이며, 일종의 잡지 구독과 비슷한 개념이다.

신상품이 입고가 되었거나 새로운 이벤트를 개최할 경우, 또는 정기적인 웹진을 발행할 경우 메일링 리스트를 통해 독자들에게 알리게 된다. 방문자가 관심을 가지고 구독을 신청한다는 점에서 임의의 메일 주소에 대량으로 메일을 전송하는 스팸 메일과는 다르다.

아직 회원으로 가입하지 않았거나 한 번도 구매한 적이 없는 고객이라 하더라도, 쇼핑몰 상품이나 콘텐츠가 마음에 들 경우 구독 신청을 함으로써 일종의 관심을 표하게 된다. 이 부류의 방문자는 미래에 구매를 할 수 있는 잠재고객이 될 수 있으므로, 구매를 유도할 수 있는 신상품 입고 소식이나, 이벤트 소식, 상품과 관련된 유익한 정보들을 주기적으로 발송한다면 효과를 볼 수 있다.

검색엔진 키워드 등록

2000년대 접어들어 검색엔진의 키워드를 이용한 광고는 온라인뿐만 아니라 오프라인의 상거래에서 매우 중요한 역할을 담당하게 되었다. 검색엔진은 검색로봇('검색봇'이라고도 하며, 주기적으로 사이트들을 돌아다니며 사이트 주소를 채집하는 프로그램을 말한다)이 사이트를 찾아다니며 자동으로 등록하지만, 직접 검색엔진에 등록을 요청하여 검색결과로 내 사이트가 나올 수 있도록 할 수 있다.

국내 대형 포털인 네이버나 다음 등은 특정 키워드에 대해서 검색 상위에 노출해 주는 유료 서비스를 하고 있다. 이런 키워드 광고는 대부분 경매방식으로 이루어지고 클릭당 지불(Cost Per Click; CPC)이나 노출당 지불(Cost Per Mile; CPM) 방식이어서 예산에 따라 게시 여부를 항상 모니터링해야 하는 번거로움이 있으며, 이를 대행해 주는 서비스도 있다(대표적인 서비스가 바로 오버추어 광고이다).

하지만 대부분 사이트 등록은 무료로 할 수 있으므로, 창업 초기에 반드시 검색엔진의 유료 키워드 광고를 할 필요는 없다.

메타사이트 등록

메타사이트는 수많은 온라인 쇼핑몰들의 상품을 수집하여 한곳에서 보여주는 사이트를 말한다. 처음에는 가격비교 목적으로 시작했으나, 최근에는 수많은 온라인 쇼핑몰들의 상품을 한곳에 모으고 평점을 매기거나 판매순, 추천순 등의 정렬을 통해 알뜰한 쇼핑을 하기 위한 수단으로서 자리 잡고 있다.

이런 메타사이트에 사람들이 모이다 보니, 온라인 쇼핑몰을 운영하는 입장에서는 커다란 홍보처가 될 수 있으므로, 많은 온라인 쇼핑몰들이 1개 이상의 메타사이트에 등록하고 있다.

국내에서 유명한 메타사이트는 네이버 지식쇼핑, 다음 쇼핑하우, 옥션 어바웃 같은 대형 포털이나 대형 쇼핑몰에서 운영하는 서비스가 있다. 다나와, 에누리 같은 메타사이트의 원조라 할 수 있는 서비스들도 있다. 또한 엣지북이나 이런세상 같은 특정 업계의 상품들만 모아 놓은 곳들도 있다.

네이버 지식쇼핑(http://shopping.naver.com)

다음 쇼핑하우(http://shopping.daum.net)

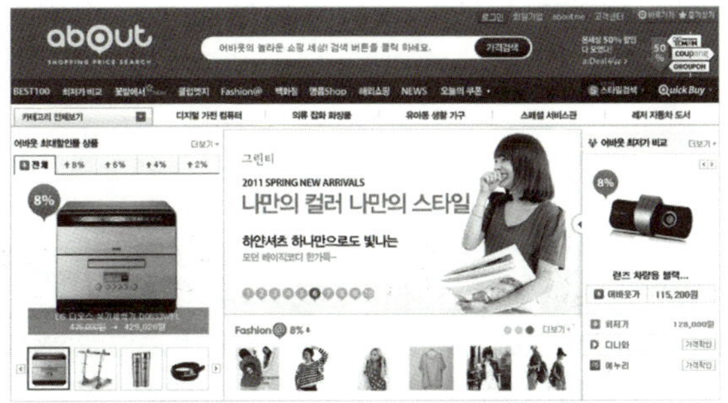

옥션 어바웃(http://www.about.co.kr)

문맥 광고

구글 애드워즈와 애드센스로 대표할 수 있는 문맥 광고는 대중매체 기반 광고의 높은 진입장벽을 없애고 영세 상인들도 전 세계를 대상으로 상품이나 기업을 광고할 수 있는 길을 열어 주었다. 기업 혹은 판매자들은 자신의 기업이나 상품이 노출되는 키워드를 설정할 수 있다. 이것까지는 검색 키워드 광고와 비슷하나, 저렴한 가격으로 검색엔진 내에서 뿐만 아니라 구글에서 제공한 애드센스를 삽입한 외부 웹사이트에서도 노출된다는 점에서 그 확산 속도는 검색광고에 비할 바가 못 된다.

구글의 애드워즈와 애드센스의 성공에 힘입어 많은 국내외 관련 업체들이 앞 다투어 비슷한 서비스를 출시하기도 했다. 네이버의 애드포스트, 올블로그의 올블릿 등이 있으며, 리얼클릭 같은 전문 홍보사도 구글의 애드센스와 비슷한 서비스를 하고 있다.

블로터닷넷에 게시된 구글 애드센스 광고

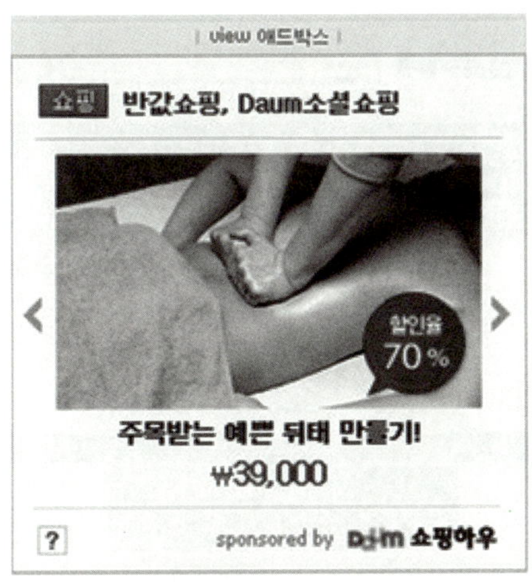

다음의 문맥 광고, 다음 View AD

네이버의 문맥 광고, 애드포스트

배너 광고

특정 사이트와 제휴를 맺고 배너를 제작하여 해당 사이트에 게시하는 것을 말한다. 주로 네이버나 다음과 같은 포털이나 조선일보, 동아일보 같은 언론사 사이트처럼 방문객이 많은 사이트는 모두 대상이 될 수 있다. 하

네이버 메인의 배너 광고

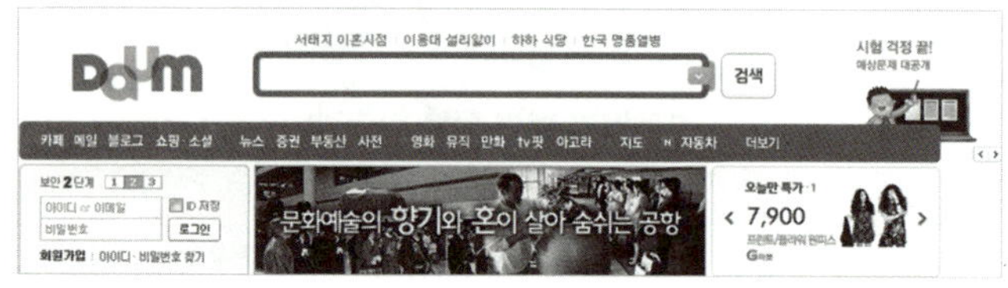

다음 메인의 배너 광고

지만 대형 포털의 메인에 게시하기 위해서는 막대한 자금이 투입되어야 한다. 따라서 배너 광고를 시행하려면 예산에 맞게 적절한 규모의 사이트와 제휴하여 진행하는 것이 좋다.

대중매체 광고

2000년대 들어서 TV와 라디오, 신문에 나오는 광고가 더 이상 이전만큼의 효과가 없고, 심지어 미국의 유명한 칼럼니스트 세스 고딘은 "대중 매체 광고는 죽었다"라고까지 말하고 있다. 그러나 여전히 일반인들이 많은 시간을 함께하는 매체가 바로 대중매체이다. 20~40대들이 온라인에서 많은 시간을 보내고 스마트폰에 익숙해져 있긴 하지만, 여전히 그 반대편 영역에서는 인터넷의 '인'자도 모르는 사람들이 많다. 거의 대부분의 사람들이 TV는 시청하지만, 인터넷을 하고 스마트폰을 가지고 있다고는 말할 수 없다.

그래서 요즘 소셜커머스 서비스의 선두주자들인 티켓몬스터, 쿠팡, 위메이크프라이스뿐만 아니라, 얼마 전 출범한 그루폰코리아까지 대중매체에 광고를 하고 있는 것이다. 중소규모의 온라인 쇼핑몰은 선뜻 대중매체에 광고하기가 어렵지만, 몇몇 의류 쇼핑몰 중에는 비교적 단가가 저렴한 라디오 광고를 하기도 한다.

고객 유입 경로와 구매 통계 분석하기

마케팅의 시작은 바로 자신의 사이트에 어떤 고객이 방문하고 얼마나 많이 찾아오는지를 분석하는 것이다. 전자상거래의 아버지라 불리는 아마존닷컴은 컴퓨터공학자를 고용하여 사용자의 이용 행태와 구매 패턴을 분석함으로써 고객이 재방문하였을 때 관심이 갈 만한 상품을 추천하여 구매를 유도한다. 이러한 마케팅 기법을 데이터 마이닝(Data Mining)이라고 한다.

아마존닷컴처럼 전문가를 고용하지 않더라도 솔루션에 탑재되어 있는 접속통계만을 가지고도 고객층과 사이트 이용 패턴을 어느 정도 분석해 낼 수 있다. 접속통계를 잘 분석하여 방문하는 고객층을 분석하고 인기 있는

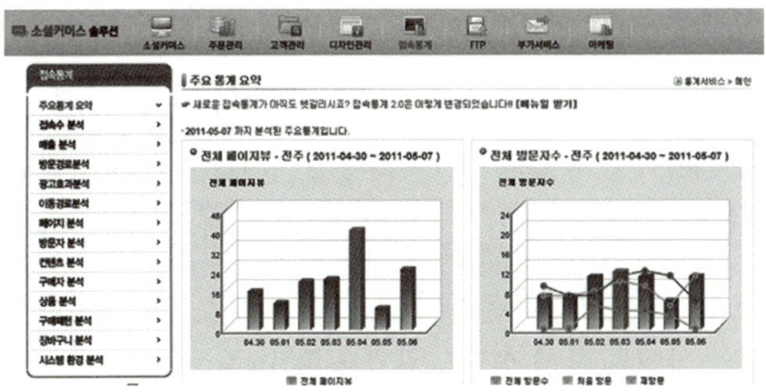

카페24 소셜커머스 솔루션에 탑재된 접속통계 솔루션

상품을 유추해 냄으로써 추후 상품 기획 때 큰 도움이 될 수 있다.

쇼핑몰 솔루션에는 대부분 접속통계 자료를 수집하고 분석해 주는 '접속통계 솔루션'이 탑재되어 있으며, 카페24는 접속통계 솔루션을 자체적으로 개발해서 쇼핑몰에 맞는 분석 자료로 삼고 있다. 그러면 우선 접속통계에서 사용하는 용어에 대해서 알아보자.

접속통계 용어 이해하기

접속통계에 쓰이는 단어 자체는 어렵지 않다. 하지만 해당 용어가 정확히 어떤 의미인지를 이해해야 한다.

1) 페이지뷰

페이지뷰(page view)는 고객이 사이트에 접속해서 어떤 페이지를 방문할 때마다 1회 증가되는 수치를 합산한 것이다. 보통 약어로 'PV'라고 부른다. 페이지뷰는 사이트 인기도를 측정하는 중요한 척도 중 하나며, 국내외 유명한 사이트 분석 서비스(알렉사, 랭키닷컴 등)에서 분야별 사이트 순위를 결정하는 것에도 큰 비중을 차지한다.

페이지뷰를 측정할 때 '새로 고침'을 하는 행위에 1회 증가시키는 것은 서비스마다 조금씩 다르다. 페이지뷰를 증가시키기 위해서 일부러 '새로 고침'을 주기적으로 하여 악용하는 경우가 있기 때문에 악용에 의한 허수자료를 어떻게 필터링할 것인가가 관건이다. 카페24 접속통계 솔루션은 '새로 고침'을 할 때도 1회 증가시키고 있다.

2) 방문경로

방문경로는 자신의 사이트를 고객이 어떻게 알고 들어왔는가를 알 수 있는 자료이다. 예를 들어 '소셜커머스'라는 키워드로 네이버에서 검색을 한 결과, 자신의 사이트가 상위에 노출되어 링크를 클릭하고 들어온다면, 사이트를 알게 된 경로는 네이버 검색엔진을 통해서이다.

방문경로를 분석함으로써 어떻게 마케팅 포인트를 선택하고 집중해야 할지를 예측할 수 있다. 검색엔진을 통해서 많이 방문한다면 검색엔진의 키워드 광고나 스폰서 광고를 집행하고, 메타사이트를 통해서 많이 들어온다면 좀 더 많은 메타사이트에 등록할 수 있을 것이다.

3) 이동경로

이동경로는 사이트에 접속한 고객이 어떤 순서로 페이지를 방문하는지 알 수 있는 지표이다. 이동경로는 이용자의 편의성을 증대시키기 위해 불편한 점을 찾기 위한 기반 자료로 UX 분야에서 이용되기도 한다.

또한 상품과 상품 사이의 이동경로를 파악하여 상품과 상품을 서로 연관 지어 관련 상품에 노출하기 위한 자료로 활용할 수도 있다.

4) 광고효과 분석

광고효과 분석이란 검색키워드 광고나 오버추어 광고 같이 포털이나 제휴 서비스를 통해 유·무료 광고를 진행할 경우 그 효과를 분석하는 것이다. 서비스를 새로 시작했을 경우에는 사이트의 홍보가 주목적이므로 광고효과 분석 중에 유입률을 보는 것이 좋다. 그러나 어느 정도 서비스가 정착되었을 때에는 유입률보다 구매율(또는 구매전환율)이 더 중요하다. 유입률과 구매(전환)율을 고려하여 효과가 좋은 곳을 선별하고 그렇지 못한 광고는 해지하고 다른 광고 서비스를 모색하는 것이 좋다.

5) CPC

CPC(Cost Per Click)는 고객이 포털이나 제휴서비스에서 노출된 광고를 클릭하여 자신의 사이트로 이동했을 경우 광고비가 나가는 방식을 말한다. 또한 이러한 방식을 채택하는 광고 서비스 자체를 지칭하기도 한다.

네이버, 다음, 구글 등 많은 검색엔진들이 키워드나 혹은 문맥광고뿐만 아니라, 네이버 지식쇼핑, 옥션 어바웃 같은 메타사이트도 CPC 모델을 많이 채택하고 있다.

접속통계 자료 분석하기

접속통계 분석 자료를 이용하여 쇼핑몰 운영에 필요한 몇 가지 정보를 발굴해 보자.

1) 거래상품 인기도 분석

오늘의 거래에 올라온 상품이 구매자에게 매력적인 상품이었는지, 그리고 실제로 구매가 얼마나 이루어졌는지를 알아보는 것은 다음 거래를 효과적으로 기획하기 위해 필요하다.

'접속 수 분석'에서 오늘 접속 수 분포를 살펴보고 1일 전, 1주일 전, 1개월 전과 비교하면, 서비스에 거래되는 상품들이 방문객들의 시선 끌고 있는지 알 수 있다. 만약 그동안 방문객들의 시선을 끌 수 있는 상품을 기획하지 못했다면, 사이트 방문자 수는 줄어들 것이다. 따라서 접속 수가 하락한다면 그동안 기획된 상품들이 고객에게 제대로 어필하지 못했을 수도 있음을 인지해야 한다.

물론 접속 수만으로는 단정 지어 판단하기는 힘들다. 이것을 보강할 수 있는 자료가 '페이지 분석'이다. 요즘 소셜커머스 서비스에서는 하루에 1개 이상을 거래하는 경우가 많다. 따라서 기획된 상품 중에 방문자들이 많은 곳은 그만큼 방문자들의 시선을 끌었다는 의미이다. 페이지뷰가 많았던 상품은 Q&A와 상품 후기를 분석하여 구매결정 포인트를 어느 정도 유추할 수 있다. 또 이런 자료들을 모아서 다시 분석을 하면 구매 트렌드도 파악할 수 있다.

만약 좀 더 정확한 통계를 원한다면, 카페24의 유료통계 서비스를 이용할 수 있다. 카페24의 접속통계 서비스가 다른 접속통계 서비스와 차별화되는 점이 바로 상품과 구매에 대한 분석을 한다는 점이다. '접속 수'와 '페이지뷰'만 가지고는 상품의 인기도와 트렌드를 분석하는 데 한계가 있으므로, 상품 구매율과 구매 패턴, 구매자 패턴에 대한 자료는 상품 기획과 마케팅에 크게 도움이 된다. 현재 카페24의 유료통계 서비스로는 구매자 분석, 상품 분석, 구매패턴 분석, 장바구니 분석이 있는데, 모두 상점 운영에는 없어서는 안 될 중요한 분석 자료이다.

2) 구매자/방문자 분석

방문자나 구매자를 분석하는 것은 서비스의 주 타깃을 잡기 위해 매우 중요한 자료이다. 서비스 초창기에는 이런 자료들이 없기 때문에, 상품 기획 때 외부 자료나 '감'에 의존하여 판단할 수밖에 없어서 시행착오를 겪는다. 상품 기획 때 구매층으로 생각했던 고객들에 맞추어서 상품 내용과 콘텐츠 디자인을 만들었는데, 실상은 구매층이 달라 효과가 감소하는 경우가 비일비재하기 때문이다.

'방문자 분석'은 방문자들이 사이트에 방문한 자료를 바탕으로 다양한 분석 자료를 제공한다. 특히 눈여겨보아야 할 것은 '연령별 회원 분포'와 '지역별 회원 분포'이다. 회원의 연령별 분포와 지역별 분포는 서비스를 누구에게 맞추어야 할지를 직접적으로 알려주기 때문이다.

예를 들어 서비스 초기에 40~50대를 위한 전용 소셜커머스를 기획해서 사이트의 콘셉트와 콘텐츠 디자인을 진행했는데, 실제로는 20~30대 자녀들이 부모님들에게 선물하기 위해 주로 가입하여 방문하는 경우가 있을 수 있다. 그렇다면 사이트의 콘셉트와 콘텐츠 디자인은 40~50대가 아닌 20~30대를 대상으로 고려해야 하며, 특히 부모님에게 선물을 주로 한다는 점을 감안하여 '효도'라는 감성을 전달하여 구매를 이끌어 낼 수 있다.

'지역'은 소셜커머스 서비스에서 매우 중요한 고려 대상이다. 거래 상품들이 대부분 지역 맛집이나 미용실, 스파 등이기 때문이다. 어떤 지역의 회원이 많은지를 분석하여 해당 지역의 상품을 많이 기획하는 것이 매출을 올릴 수 있는 포인트인 것이다.

그런데 접속통계의 '지역별 회원 분포'는 소셜커머스

서비스를 운영할 때에는 맞지 않는 경향이 있다. 회원이 가입하는 주소는 거주지 주소가 많은데, 할인 쿠폰을 구매하고 소비하는 곳은 거주지 주소가 중심이 아닌 맛집이나 미용실, 스파 시설이 많은 유흥가 중심이기 때문이다. 소셜커머스 서비스가 국내에 처음 소개되었을 때 서울 강남권을 중심으로 서비스가 되었던 이유도 바로 사람들이 많이 찾는 대표적인 유흥가였기 때문이다.

하지만 소셜커머스 서비스도 계속 진화하고 있다. 특히 증강 현실과 지역기반 서비스들을 연계하여 자신이 주로 가는 장소 주변의 거래들을 보여주는 서비스가 향후의 트렌드가 될 것으로 보이기 때문에 거주지 중심의 '지역별 회원 분포'도 매우 중요한 지표가 될 것이다.

방문자와 구매자는 다르므로 '구매자'에 대한 분석도 별도로 이루어져야 한다. 방문자들 중에 10대가 대부분을 차지하더라도 구매자들을 분석하면 주 구매층은 경제활동을 하고 있는 20~30대가 되는 경우가 많다. 그렇다면 사이트의 콘셉트와 콘텐츠 기획은 주 방문층인 10대뿐만 아니라 주 구매층인 20~30대도 같이 고려해야 한다.

카페24에서는 '구매자 분석' 자료를 유료로 이용할 수 있다. '구매자 분석' 서비스에서는 단순 구매 분석뿐만 아니라, 방문자와 구매자를 비교하고 재구매율이나 선호 가격대도 분석해서 보여주고 있으므로, 유료이긴 하지만 매출을 올리기 위한 분석 자료로서 투자할 가치가 있다.

3) 방문자 유입 분석

방문자 유입 분석은 포털이나 제휴서비스의 광고효과 분석과 밀접한 관련이 있다. 카페24의 접속통계 서비스는 '광고효과 분석' 페이지를 통해 방문자 유입에 대한 양질의 분석 자료를 제공하고 있다.

'검색키워드 광고' 자료는 어떤 검색키워드를 통해 자신의 사이트에 방문하고 구매로 전환되었는지를 분석할 수 있다. 특정 서비스로부터 유입이 많다는 것은 해당 서비스의 방문자 수가 많고 사이트의 주 타깃과 부합한다는 의미이다. 또한 구매율이 높으면 그들이 선호할 만한 상품들이 사이트에 있다는 의미이므로, 해당 서비스에는 광고비 투자를 늘려서 더 큰 효과를 기대할 수 있다.

이와는 반대로 유입율과 구매율이 저조한 서비스의 경우는 사이트의 주 타깃과 맞지 않는 것이므로, 광고비를 줄이고 효과가 좋은 서비스에 투자를 늘리는 것이 좋다.

검색엔진 등록하기

네이버 검색등록

네이버의 검색등록은 무료이고 등록 방법도 매우 쉽다. 한 번의 등록으로 사이트 검색은 물론 지도 검색까지 등록되므로 온라인 전화번호부의 역할까지 수행한다.

네이버 검색등록

네이버 검색등록 이용안내

1) 신규등록

상단 메뉴에서 '신규등록' 메뉴를 클릭하면 신규등록 페이지로 이동한다. 신규등록은 홈페이지와 업체정보를 노출하는 경우의 수에 따라 크게 3가지로 나눈다. 오프라인 매장을 가지고 있다면 홈페이지와 업체정보를 모두

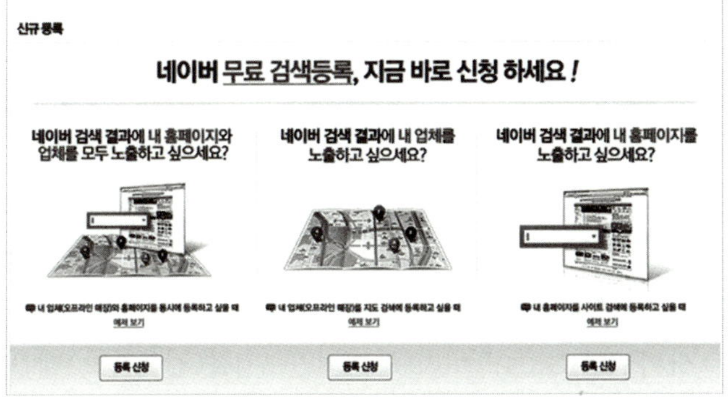

네이버 검색등록 신규등록 페이지

등록하는 것이 좋지만, 온라인 쇼핑몰일 경우 굳이 업체 정보까지 등록할 필요는 없다. 여기서는 홈페이지만 등록하는 것을 예로 들 것이다.

2) 약관동의

가장 먼저 개인정보 수집과 제공에 대해 동의해야 한다. 두 군데의 체크박스에 모두 체크하고 다음으로 넘어가자.

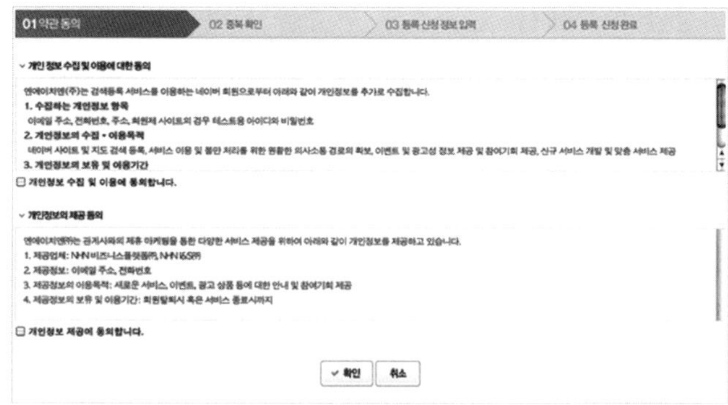

네이버 검색등록 약관동의

3) 중복확인

사이트의 URL이 이미 등록되었는지를 검색하는 페이지이다. 홈페이지를 등록할 경우 사이트의 URL을 물어보고, 업체정보를 등록할 경우 업체(또는 오프라인 매장)의 전화번호를 입력하여 등록되어 있는지 확인한다. 홈페이지 등록을 선택하였으므로 쇼핑몰의 도메인을 입력하고 '중복확인' 버튼을 클릭하자. 아직 등록되지 않은 사이트이기 때문에 등록 가능하다는 메시지가 보일 것이다.

만일 중복 메시지가 출력된다면 누군가가 미리 사이트를 등록하여 선점한 것이다. 이럴 때는 등록을 미루고 해당 내용을 네이버 고객센터에 전달하여 알아보는 것이 좋다.

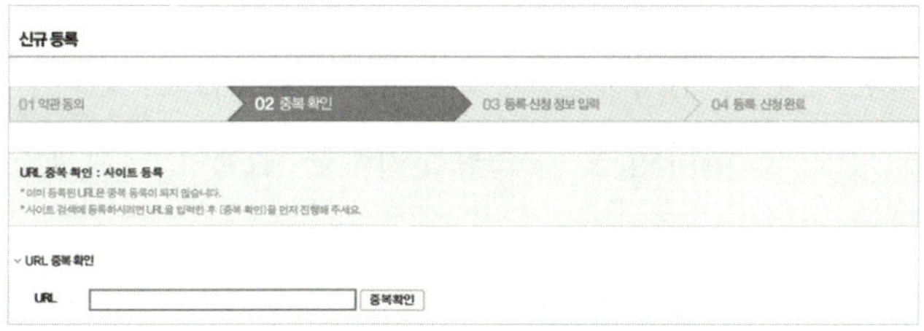

네이버 검색등록 – URL 중복확인

4) 등록 신청 정보 입력

URL 중복확인이 완료되었으면, 등록신청 정보를 입력해야 한다. 회원제 사이트의 경우 사이트 내용을 검토할 수 있는 테스트용 계정 정보를 입력해야 하므로, 테스트

네이버 검색등록 – 등록 신청 정보 입력

용 계정을 미리 생성시켜서 준비해 놓아야 한다. 분류는 검색 결과에 매우 중요하므로 '분류검색'을 클릭하여 정확한 분류를 검색하는 것이 좋다. 소셜커머스는 온라인 쇼핑몰 중 하나이므로 '쇼핑몰'이라는 검색어로 검색을 하면 된다.

소개 문구 역시 중요하다. 60자 내외로 작성해야 하므로 쇼핑몰을 가장 잘 나타낼 수 있는 키워드들을 콤마(,)로 나열하는 것이 가장 효율적이다. 입력란 옆에 '가이드 보기' 링크를 클릭하여 좀 더 자세한 예제들을 볼 수 있다. 이를 참고하여 소개 문구를 작성하자.

홈페이지 등록을 선택했지만, 업체(매장) 정보가 있는지를 물어 바로 입력할 수 있도록 편의를 제공하고 있다.

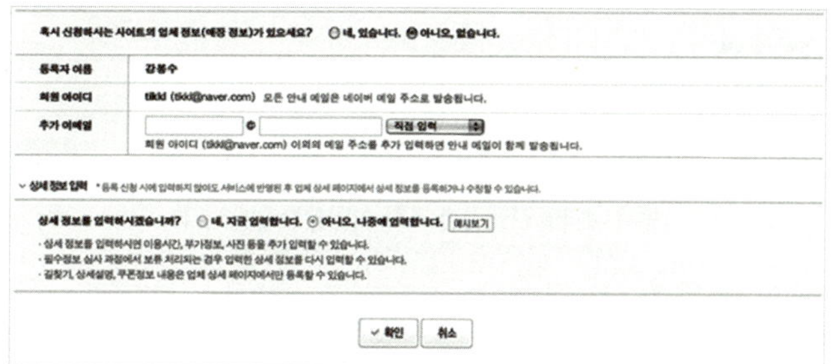

네이버 검색등록 – 상세 정보 입력

이 부분은 필수입력 항목들은 아니므로 '아니오, 없습니다'를 선택하자. 신청자 정보를 입력하고 상세 정보는 나중에 입력해도 되므로 건너뛰고 '확인'을 클릭한다.

5) 등록 신청 완료

신청이 완료되었다면 네이버 심사가 완료될 때까지 기다리면 된다. 검색등록 홈에서 URL이나 전화번호를 입력해서 심사진행 과정을 확인해 볼 수도 있다.

6) 조회/수정/삭제

심사가 완료되었다면 등록된 사이트의 정보를 언제든 확인하고 수정할 수 있다. 또한 더 이상 필요치 않은 사이트 주소는 삭제할 수도 있다. 쇼핑몰의 규모가 커지고

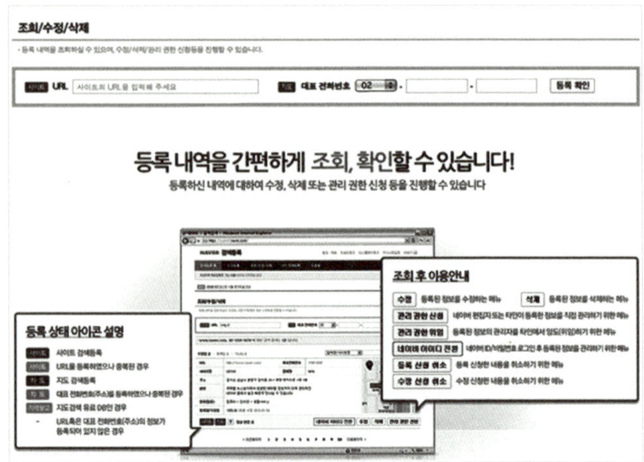

네이버 검색등록 – 조회/수정/삭제

고객센터를 갖게 되거나 오프라인 매장을 갖게 된다면, 업체 정보를 추가할 수 있다.

다음 검색등록

다음 검색등록 역시 무료며, 한 번의 등록으로 사이트 검색과 지도 검색을 동시에 등록할 수 있다.

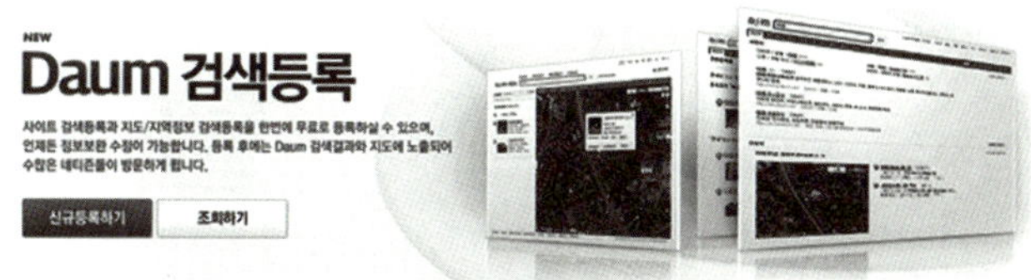

다음 검색등록

1) 신규등록

다음 검색등록 홈의 '등록하기' 버튼 또는 상단 메뉴의 '등록하기'를 클릭하면 신규등록 페이지로 이동한다. 다음 검색등록은 사이트 검색과 지도/지역 검색 등록 여부에 따라 3가지 중 하나를 선택할 수 있다. 선택 여부에 따라 사이트 URL과 전화번호를 입력해야 한다. 여기서는 사이트 등록을 선택하자.

신규등록

검색등록 신청은 사이트검색과 지도/지역정보를 한번에 등록할 수 있는 무료 서비스 입니다.

등록정보 입력

- 심사는 15일 이내 처리됩니다.
- 신청하신 내용은 Daum 검색등록 심사가이드에 외해 편집되거나 거부될 수 있습니다.
- 처리결과는 등록하신 이메일로 발송됩니다.

검색등록 선택	◉ 사이트+지도/지역정보	○ 사이트검색	○ 지역정보
URL	http://		
대표전화번호	02 ▼ - □ - □	확인	

다음 검색등록 – 신규등록

신규등록

검색등록 신청은 사이트검색과 지도/지역정보를 한번에 등록할 수 있는 무료 서비스 입니다.

등록조회

입력하신 http://▨▨▨.com 에 대한 등록조회 결과 입니다.

입력하신 내용이 등록되어 있지 않습니다.
등록 신청을 진행 하실 수 있습니다.

[등록신청] [취소]

다음 검색등록 – 신규등록 URL 조회 결과

2) 개인정보 수집 동의

개인정보 수집에 대한 동의를 해야 한다. 2개의 항목에
체크한 후 '확인' 버튼을 클릭한다.

다음 검색등록 – 개인정보 수집 동의

3) 등록정보 입력

등록정보를 입력하는 페이지이다. 제목은 검색 결과로 제일 처음 나타나는 항목으로서 웹 브라우저의 서비스와 상호명, 웹브라우저의 타이틀명 등을 조합해 쉽게 확인할 수 있는 것이 좋다. 한글 최대 12자(띄어쓰기 없이), 영문 최대 25자까지 입력할 수 있으므로 신중하게 선택해야 한다.

설명은 서비스의 내용을 알아볼 수 있도록 키워드를 중심으로 나열하는 것이 좋다. 카테고리는 '검색' 버튼을

신규등록

검색등록 신청은 사이트검색과 지도/지역정보를 한번에 등록할 수 있는 무료 서비스 입니다.

공통정보

* 제목

최대 25byte 이내에서 입력이 가능합니다. / 현재 0byte 입력
(메인화면의 서비스명, 웹브라우저 상의 타이틀명, 상호명을 고려하여 입력해주세요. Daum 기준에 따라 편집되어 등록 될 수 있습니다.)

* URL

http://eyagy.com

홈페이지 URL을 정확하게 입력해 주세요. 예) http://www.daum.net/

* 설명

최대 90byte 이내에서 입력이 가능합니다. / 현재 0byte 입력 (회사의 홍보성 문구나 최상급 수식어는 반영되지 않습니다.)

* 카테고리   검색

등록자 정보

* 이름
* 이메일   @   메일선택

로그인 정보   회원제(회원가입)로 운영되는 사이트인 경우에만 해당되어, 내용검토를 위한 테스트 아이디와 비밀번호를 입력해 주세요.

테스트 아이디

비밀번호

확인   취소

다음 검색등록 – 등록 정보 입력

클릭하여 팝업창에서 적절한 카테고리를 선택하면 된다.

　로그인 정보는 회원제 사이트에서 회원 로그인이 필요할 경우 입력해야 한다. 미리 개인정보가 입력되지 않은 테스트 계정을 만든 후 그 정보를 이곳에 입력하면 된다.

4) 등록신청 완료

　신청이 완료되면 다음의 심사가 완료될 때까지 기다려야 한다. 심사기간 동안 검색등록의 홈에 마련된 확인란을 통해 심사진행 과정을 확인해 볼 수 있다.

5) 등록변경/삭제/조회

　심사가 완료되었다면 등록변경을 통해 정보를 변경할 수 있다. 또한 등록된 사이트나 업체정보를 삭제할 수도 있다.

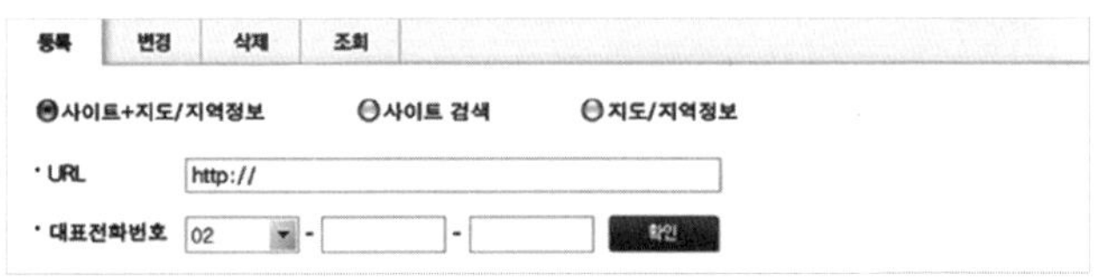

다음 검색등록 – 등록변경/삭제/조회

구글 검색등록

구글은 검색로봇이 자동으로 사이트의 정보를 수집하여 색인화한다. 하지만 직접 URL을 등록할 수도 있도록 했는데, 바로 검색 결과에 반영할지의 여부는 불투명하다고 명시되어 있다.

구글에 사이트를 등록하는 것은 정말 쉽다. 사이트의 URL과 사이트의 간단한 설명, 그리고 스팸 등록을 예방하기 위해 임의로 생성된 숫자들을 입력하고 등록하기만 하면 된다.

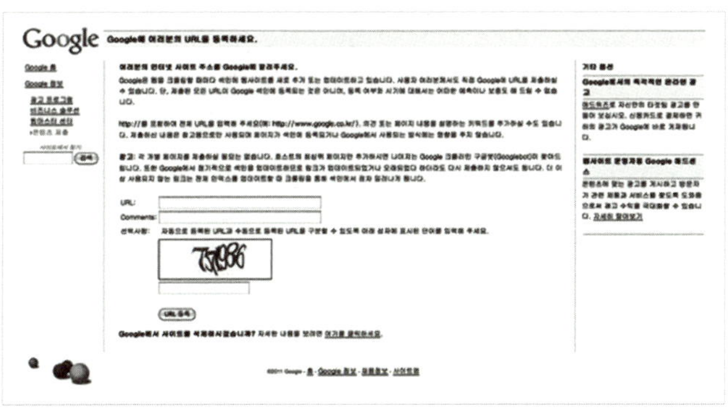

구글 사이트 URL 등록 페이지

메타사이트 등록하기

2000년대 들어서 인터넷이 널리 보급되고 온라인 쇼핑몰이 늘면서, 하루가 다르게 쏟아지는 상품 중에서 값싸고 질 좋은 상품을 찾고자 하는 요구가 늘게 되었다. 메타사이트는 구매자의 이런 요구를 비즈니스 모델로 발전시킨 서비스이다.

메타사이트에서 구매자들은 유사상품 간의 가격을 비교하며, 같은 상품도 더 싸게 파는 쇼핑몰을 찾아낸다. 또한 사람들이 많이 구매하는 상품들이 무엇인지 살펴보고, 상품평을 통해 상품의 신뢰도를 판단한다. 괜찮은 상품을 많이 판매하는 쇼핑몰은 북마킹을 해두고 주기적으로 찾아가기도 한다. 이것이 2010년 온라인 쇼핑몰을 이용하는 구매자들의 구매패턴이다.

따라서 온라인 쇼핑몰을 개설하여 상품을 파는 판매자들은 방문자들이 많은 메타사이트에 상품을 등록하여 구매자들의 방문을 이끌어 내는 것이 무엇보다 중요하게 되었다.

소셜커머스도 예외는 아니다. 수백 개의 소셜커머스 사이트에서 올라오는 할인 쿠폰을 사이트별로 일일이 찾아다니며 조회해 보는 것은 여간 힘든 일이 아니다. 메타소셜커머스 서비스는 이러한 요구를 서비스로 만들어, 구매자에게는 한번에 다양한 할인 쿠폰 정보를 얻을 수 있도록 하고, 소셜커머스 운영자에게는 자사의 할인 쿠폰을 홍보할 수 있는 마케팅 공간을 제공하고 있다.

우선은 소셜커머스 서비스를 운영할 때 고려할 수 있는 메타소셜커머스 서비스들이 어떤 것이 있는지를 아는 것이 중요하다.

메타소셜커머스 사이트

반값할인 기반의 공동구매 사이트들이 400여 개가 넘는 가운데 소셜커머스 사이트에서 진행 중인 딜을 모아서 보여주는 메타사이트들의 수도 증가하고 있다. 그중에서 대표적인 서비스들을 알아보자.

1) 쿠폰차트

소셜커머스 메타사이트, 쿠폰차트(http://www.couponchart.co.kr)

쿠폰차트는 사이트 순위 측정 사이트인 랭키닷컴의 메타소셜커머스 분야에서 1위를 하고 있다(2011년 5월 기준). 메타사이트는 무엇보다도 방문자의 수가 중요하므로, 사이트 순위는 매우 중요한 의미를 갖는다.

쿠폰차트는 메타사이트로서의 기본 기능 외에도 쿠폰 거래 장터를 별도로 마련해 이미 구입한 미사용 할인쿠폰을 구매자들이 거래할 수 있다. 또한 몰인몰 방식의 브

쿠폰차트 안드로이드 앱과 모바일 웹

랜드숍 기능을 제공해서 일종의 소셜커머스 솔루션도 자체적으로 운영하고 있는 등 커뮤니티와 솔루션 영역으로 확장하고 있다.

모바일에 대한 지원도 신경을 써서 안드로이드 전용 애플리케이션을 출시했고 모바일 웹 서비스도 별도로 하고 있다.

2) 쿠폰모아

쿠폰모아 역시 대표적인 메타소셜커머스 사이트(메타

소셜커머스 분야 2위, 2011년 5월 기준)이다. 쿠폰차트가 메타사이트의 역할 외에 커뮤니티 형성과 솔루션 분야로 확장하는 중이라면, 쿠폰모아는 좀 더 메타사이트에 충실하면서 마케팅 센터로의 확장을 꾀하고 있다.

특히 네이버 소셜앱스 기반 쿠폰모아 앱을 개발하여 네이버 블로그, 카페, 미투데이에서 쿠폰모아의 할인 쿠폰을 이용할 수 있도록 하고 있다. 또한 하이브리드 웹

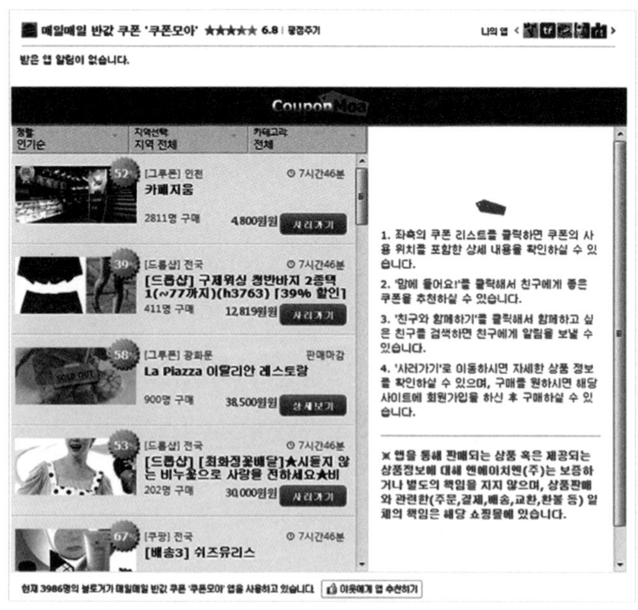

쿠폰모아의 네이버 소셜앱스 버전(http://couponmoa.com/)

방식의 아이폰과 안드로이드 앱을 동시에 개발하여 모바일 환경을 지원하고 있다.

3) 올쿠폰

올쿠폰은 깔끔한 디자인과 지도 서비스와의 연동이 돋보이는, 앞으로가 기대되는 메타소셜커머스 사이트이다. 네이버 지도와 연동을 통해 자기가 있는 지역 주변의 할인 쿠폰 내역을 확인할 수 있고, 차트에 등록된 각종 지역 기반 쿠폰을 지도상에서 바로 확인할 수 있다.

또한 소셜커머스를 이용하는 구매자 중 상당수가 데이

올쿠폰 지도 서비스

트에 사용하기 위한 목적으로 구입하여 커플이 많다는 점에 착안해 '데이트 코스'라는 서비스를 기획하였다. 이는 설정된 데이트 비용에 따라 할인 쿠폰을 추천해 준다. 올쿠폰만의 차별화된 서비스는 소셜커머스 고객들의 구매성향과 패턴을 잘 이해하고 있음을 알 수 있다.

올쿠폰 데이트 코스 페이지

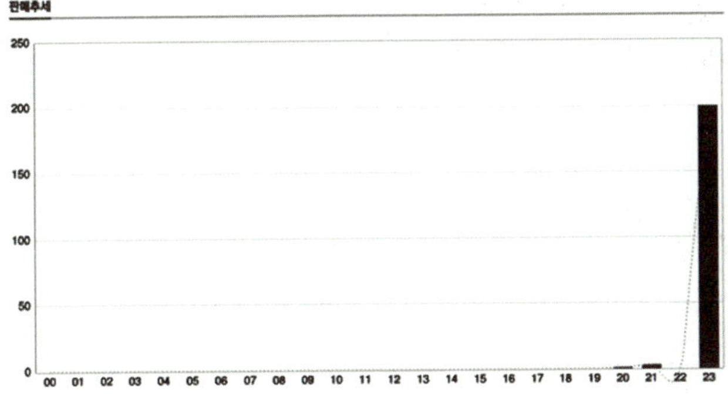

올쿠폰 판매추이 차트(http://olcoupon.com)

또한 각 상품의 판매 추세를 추적해 볼 수 있어서 추후 상품을 기획하는 기반 자료로 사용할 수도 있도록 하였다.

4) 오빠사줘

오빠사줘 닷컴은 2011년 상반기에 서비스를 시작하였다. 독특한 사이트명과 '오빠조르기'라는 기능으로 오픈 당일 접속이 폭주할 정도로 화제가 되었다. '오빠 사줘'라는 애교에 무너지는 남성 심리와 조르기만 하면 사줄 것 같은 여성 심리가 남성 고객과 여성 고객 모두를 자극하고 있다.

독특한 서비스명과 '오빠조르기' 기능 이외에는 다른

255

오빠사줘 닷컴(http://www.obbasajo.com)

메타사이트와 큰 차이점이 없지만, 오픈할 때부터 화제를 불러일으켰고, 신생 메타사이트 서비스임에도 꾸준한 트래픽을 보여 주고 있어서 마케팅 시에 고려해 볼 만하다.

사이트명	주소
하루하나	http://www.haroohana.com
쿠폰모아	http://www.couponmoa.com
다원데이	http://www.daoneday.com
다할인	http://www.cabinstory.co.kr
디씨데일리	http://www.dcdaily.co.kr
디지다	http://www.dgda.co.kr
라이브쿠폰	http://livecoupon.kr
모아앤모아	http://www.moanmoa.com
모아톡	http://moatok.com
반가격닷컴	http://www.banprice.co.kr
반값닷컴	http://www.banggab.com/ver2/
뽐뿌	http://social.ppomppu.co.kr
소셜마켓	http://socialmarket.kr/social/
소셜스퀘어	http://www.socialsquare.co.kr/
소셜커머스닷컴	http://www.socialcoms.com/
소쿠리	http://www.socury.com/
아이라이크	http://social.ilikeclick.com/
애니쿠폰	http://www.anycoupon.co.kr/
오빠사줘	http://www.obbasajo.com/
오빠이거	http://5829.co.kr
오픈데이즈	http://www.opendays.co.kr/
올쿠	http://www.olcoo.com/
올쿠폰	http://www.olcoupon.com/
올트윗	http://alltwt.net/
와우24	http://www.wow24.net/
원츄	http://www.wonchu.com/
인터쿠폰	http://www.intercoupon.co.kr/
즐겨찾기	http://www.myfavorite.co.kr/
지르미	http://www.zirumi.com/
지름닷컴	http://www.zilumi.com/
쩐다쩜넷	http://www.jjunda.net/
코스트	http://www.cost.co.kr/
쿠투데이	http://kutoday.co.kr/
쿠팟	http://www.coupot.co.kr/
쿠폰딜	http://www.coupondeal.co.kr/
쿠폰몬스터	http://www.couponmonster.co.kr/
쿠폰셔틀	http://www.couponshuttle.com/
쿠폰차트	http://www.couponchart.co.kr/
쿠폰파크	http://www.couponpark.co.kr/
티몽	http://www.tmong.kr/mong/
티켓베네	http://ticketbene.com/
티켓원	http://www.ticketone.co.kr/
티켓채널	http://ticketch.co.kr/kr
티켓초이스	http://www.tcho.co.kr/

메타소셜커머스 연동하기

안타깝게도 카페24 소셜커머스 무료 솔루션에는 메타 사이트 연동기능이 없다(2011년 5월 기준). 하지만 메타소셜커머스 연동에 대한 요구사항이 커지고 있기 때문에, 곧 연동할 수 있는 기능이 생기리라 기대해 본다. 여기서는 가비아의 소셜프리미엄몰 서비스를 이용하여 올쿠폰 서비스와 연동하는 것을 설명하겠다.

1) 지원되는 메타사이트 확인하기

우선 솔루션에서 어떤 메타사이트들을 지원하고 있는지 알아봐야 한다. 솔루션에서 설정해야 할 일은 사실상

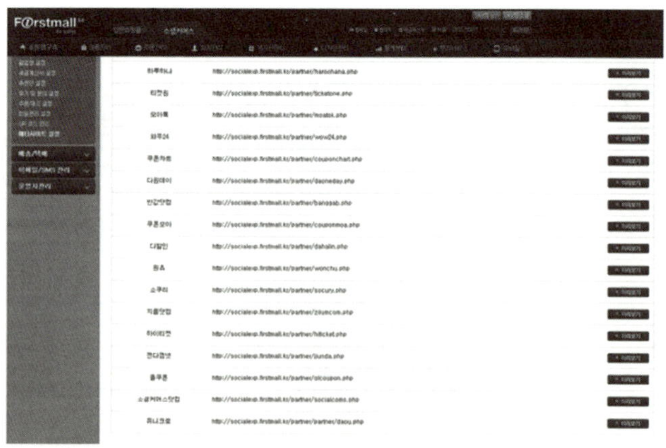

가비아 소셜프리미엄몰의 메타사이트 설정 페이지

이것이 전부이다. 가비아의 솔루션에서는 '쇼핑몰 관리〉상점 운영 〉메타사이트 설정'에서 지원되는 메타사이트 목록을 확인할 수 있다. 다수의 메타사이트 연동이 가능하다. 이 중에서 올쿠폰 항목을 찾아서 주소 URL(http://{상점도메인}/partner/olcoupon.php)을 복사해 놓자.

2) 올쿠폰 가맹점 등록하기

이제 올쿠폰에서 가맹점을 등록해야 한다. 가맹점 등록은 사이트 아래의 메뉴에 있는데, 올쿠폰 메인에서는

올쿠폰 등록 페이지

스크롤할 때 자동으로 리스트가 확장되는 기능 때문에 접근하기가 불가능하다. 이는 하루빨리 개선해야 할 것이다. 따라서 사이트 메뉴 중 한 곳을 클릭하여 아래에 있는 '가맹점등록' 링크를 클릭하자.

'01. 올쿠폰 XML 포맷 수정'과 '02. 올쿠폰 XML 포맷 서버 업로드'는 자체 개발한 솔루션이 거쳐야 하는 단계이다. 가비아를 비롯하여 임대형 솔루션은 대부분 이 단계에 대한 구현이 끝난 상태이므로 바로 '03. 올쿠폰 등록 요청' 단계로 건너뛰면 된다.

여기서 주의해야 할 것이 몇 가지 있다. XML 주소 항목은 이전에 복사해 둔 올쿠폰 메타사이트 연동 주소 URL을 입력하는 칸이다. 선택 박스에서 '올쿠폰'을 선택하고 복사해 둔 주소를 입력한 후 '테스트' 버튼을 클릭하자. 다음과 같은 확인 메시지가 뜨면 올바르게 연동된

올쿠폰 연동 확인 메시지

것이다.

　사이트 접속 주소는 솔루션의 도메인을 기입하면 된다. 나머지는 지시에 따라 입력하고 '등록요청'을 클릭하면 등록이 완료된다. 등록을 하면 담당자가 적합 여부를 심사하여 1~2일 이내에 이메일로 결과를 통보한다. 심사를 통과해 등록이 완료된다면, 올쿠폰에서 상점의 등록된 주소에 주기적으로 접근해 상품 정보를 가져가게 된다.

Seven Days Master Series

소셜마케팅의 핵심, 바이럴 마케팅

6억 명의 잠재고객이 있는 곳, 페이스북

고객을 홍보대사로, 스크랩 마케팅

2000년대 이후 커뮤니티 게시판과 블로그를 중심으로 활성화된 바이럴 마케팅은 SNS를 만남으로써 최절정에 이르고 있다. 스크랩 버튼은 구매고객(잠재고객도 포함)이 마음에 드는 상품을 구매한 후 친구에게 추천하거나, 지금 당장 구매하지는 않지만 나중에 구매하기 위한 스크랩 목적으로 각종 SNS나 유사 서비스에 상품 정보를 스크랩하고 간단한 코멘트를 추가할 수 있는 기능을 한다. 우리는 이것을 바이럴 마케팅 중에서도 간단한 정보의 스크랩 행위를 통한 상품 홍보를 구별하기 위해 스크랩 마케팅이라고 부르겠다.

스크랩 마케팅의 대표주자는 트위터이다. 트위터는 간단한 자바스크립트 삽입을 통해 구매(또는 방문)고객이 손쉽게 자신의 트위터 계정으로 글을 보내고 상품을 홍보할 수 있다. SNS의 1인자로 등극한 페이스북 역시 연동 API로 고객의 페이스북 담벼락에 상품 정보를 스크랩할 수 있어, 마치 친구가 추천한 것과 같이 친근하게 입소문을 퍼트릴 수 있다. 국내에서는 SK커뮤니케이션즈의 싸이월드가 싸이월드 스크랩 서비스를 내놓아 스크랩 마케팅의 선두주자로 평가받고 있다.

2011년 최대의 화두는 단연코 페이스북이다. 2008년 이후 가파른 상승세를 기록하더니, 2010년 사이트 체류시간에서는 구글을 앞질렀고, 6억 명이 사용하는 전무후무한 온라인 서비스로 기록되었다. 여전히 시가총액에서는 구글이 1위지만, 구글의 가장 큰 적은 마이크로소프트도 애플도 또 다른 전통적인 IT기업도 아닌, 설립된 지 10년도 채 안 된 페이스북이라고 말하기까지 한다. 이제는 페이스북을 제외하고는 마케팅을 생각할 수 없을 만큼 매우 중요한 도구로 자리 잡게 되었다.

국내의 대표적인 소셜커머스 업체들은 페이스북을 어떻게 이용하고 있는지 벤치마킹해 보자. 주로 페이스북 페이지를 개설하여 페이스북 회원들과 소통을 하고 있는데, 업체들마다 조금씩 운영하는 방식이 다르다.

1) 티켓몬스터(http://www.facebook.com/tmonkr)

티켓몬스터는 2011년에 페이스북 페이지를 개설해 활발하게 활동하고 있다. '오늘의 딜'에 대한 정보도 주기적으로 꾸준히 올리고 있으며, 페이지의 담벼락을 개방하

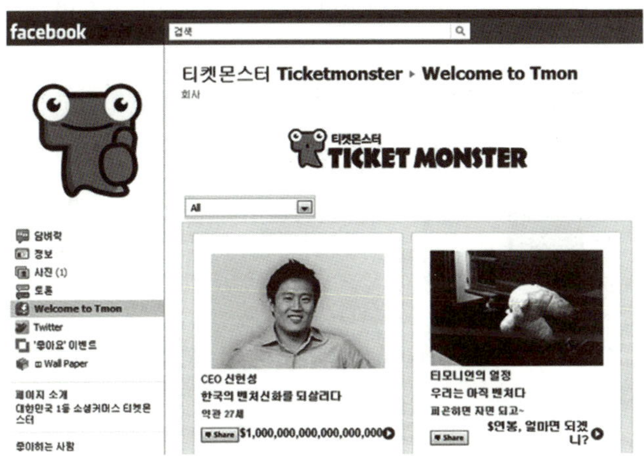

티켓몬스터 페이스북의 Welcome to Tmon

여 페이스북 회원은 누구나 글을 올릴 수 있도록 하여 고객 피드백을 즉각적으로 받아볼 수 있게 했다. 피드백에 대한 답변 또한 충실하게 하고 있어서 페이스북을 통한 고객 관리에 신경 쓰고 있는 모습이다. 눈여겨볼 만한 곳은 'Welcome to Tmon'과 'Twitter' 페이지이다.

'Welcome to Tmon'은 티켓몬스터의 여러 가지 소식을 페이스북에 바로 공유할 수 있도록 'imageYa(http://www.imageya.com/)'의 'Listings'라는 페이스북 애플리케이션을 활용했다.

'Twitter' 페이지는 티켓몬스터의 트위터를 페이스북에서도 볼 수 있도록 연동한 것으로 미국의 소셜미디어

티켓몬스터 페이스북의 트위터 애플리케이션

컨설팅 기업인 Involver(http://www.involver.com/)사의
'Twitter' 페이스북 애플리케이션을 활용했다.

2) 쿠팡(http://www.facebook.com/Coupang.korea)

쿠팡 역시 페이스북을 적극 활용하고 있다. 티켓몬스터
와 마찬가지로 페이지의 담벼락을 개방해서 페이스북 회
원이면 누구나 글을 올릴 수 있어 즉각적인 피드백을 받
을 수 있다. 회원의 피드백에 대한 답변도 주기적으로 게
시하고 있어서 페이스북을 통한 고객 관리에 신경을 쓰
고 있는 듯하다.

쿠팡의 페이스북에서 눈여겨볼 만한 페이지는
'Twitter'와 '앙코르 상품 이벤트' 페이지이다. 'Twitter'

쿠팡 페이스북의 Twitter

페이지는 티켓몬스터와 마찬가지로 쿠팡의 트위터를 페이스북 페이지에서 바로 확인해 볼 수 있도록 연동한 것이다. 쿠팡은 Tabfusion(http://www.tabfusion.com/)사의 Twitter(http://www.tabfusion.com/applications.php?fs=twitter&fm=info) 애플리케이션을 이용하고 있는데, 티켓몬스터가 사용한 트위터 애플리케이션보다 기능이 좀 더 다양하다.

Coupang ▶ 앵콜상품 이벤트
제품/서비스

쿠팡의 앙코르 상품 이벤트

페이스북의 '앙코르 상품 이벤트'에서는 다시 거래하고 싶은 물품들의 사진을 올려놓고 사진에 '좋아요'를 클릭하게 함으로써 추후 재판매를 위한 기반 자료를 수집하고 있다.

3) 위메이크프라이스(http://www.facebook.com/wemakeprice)

위메이크프라이스 역시 페이스북을 개방하고 꾸준한 글을 게시하여 '좋아요'를 클릭한 페이스북 회원들에게 친근하게 다가가려고 노력하고 있다. 하지만 티켓몬스터

위메이크프라이스의 페이스북 페이지

위메이크프라이스 페이스북의 위메프 CF

나 쿠팡에 비해 페이스북 페이지 개설이 늦어 아직 활발한 고객 피드백이 올라오고 있지 않고 있다.

위메이크프라이스의 페이스북에서 눈에 띄는 것은 '위메프 CF' 페이지에 있는 BandPage라는 페이스북 미디어 공유 앱을 이용해서 CF 동영상을 공유하고 있다는 점이다. BandPage는 RootMusic(http://www.rootmusic.com/)사가 서비스하는 것으로 본래는 밴드들이 자신의 음악과 뮤직비디오를 페이스북 회원에게 공개하기 위한 플레이리스트 애플리케이션이다.

페이스북 생성하기

이제 페이스북을 만들어 보자. 페이스북 역시 만드는 것이 간단하다.

① 페이스북이 로그인되어 있다면 페이스북 사이트의 오른쪽 상단에 있는 '계정 〉 로그아웃'을 클릭하자. 로그인 화면이 나타나면, 오른쪽 하단에 '유명인, 밴드, 비즈니스를 위한 페이지 만들기'의 링크를 클릭하면 첫 번째 페이지로 이동한다.

가입하기

언제까지나 지금처럼 무료로 즐기실 수 있습니다.

성(姓):	홍
이름(名):	길동
이메일:	
이메일 재입력:	
새 비밀번호:	
성별:	성별 선택:
생일:	연도: 월: 일:

생년월일 입력이 필요한 이유는?

가입하기

유명인, 밴드, 비즈니스를 위한 페이지 만들기

② 그 다음은 페이지 용도를 지정한다. 페이지의 용도
에 따라 입력할 수 있는 항목이 조금씩 다르다.

③ 페이스북 계정을 묻는 화면이 나타나면, 페이스북

에 가입했으므로 '이미, 페이스북 계정을 가지고 있습니다'를 선택하자. 그러면 페이스북이 자동으로 생성된다. 이것이 페이스북 만들기의 전부이다.

페이스북 관리하기

페이스북을 만드는 것은 너무나 간단하다. 이제부터 본격적으로 페이스북을 관리해 보자.

페이스북 디자인은 마음대로 바꿀 수 없다. 하지만 지속적이고 꾸준한 정보를 게시하여 공유한다면, 어떤 신문매체 부럽지 않은 유용한 정보들로 가득 찬 곳이 된다. 또한 페이스북 플랫폼을 이용해 만든 외부 앱을 활용하면 좀 더 확장된 기능을 사용할 수도 있다. 디자인 변경은 자유롭지 않지만, 또 다른 면에서 무한한 확장성을 가지고 있는 곳이 바로 페이스북인 것이다.

페이스북을 막 개설했다면, '시작하기' 탭을 통해 단계별로 꾸릴 수 있다. '시작하기' 탭은 페이스북을 꾸미기 위한 마법사와 같은 역할로 순서대로 진행하면 완료된 항목은 지워진다. 모든 항목이 완료되면 '시작하기' 탭은 더 이상 보이지 않는다.

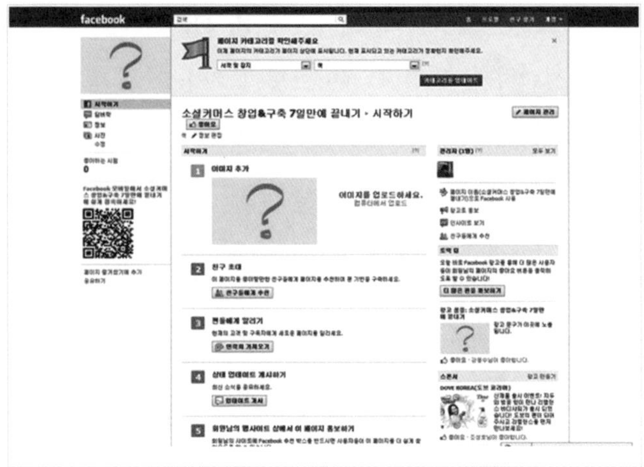

페이스북 페이지가 만들어진 직후의 모습

1) 프로필 이미지 업로드

· 페이스북 왼쪽 위에 나타날 이미지를 업로드한다. 페이스북은 프로필 이미지를 제외하고는 같은 디자인을 적용하고 있기 때문에 프로필 이미지가 첫인상을 좌우한다고 해도 과언이 아니다. 따라서 페이지 성격에 부합되는 이미지를 선택하는 것이 좋다.

프로필 이미지는 용량 제한(4Mb)이 있고, 가로세로 크기 제한은 없다. 만약 프로필 이미지가 크면, 자동으로 비율을 조절해 준다.

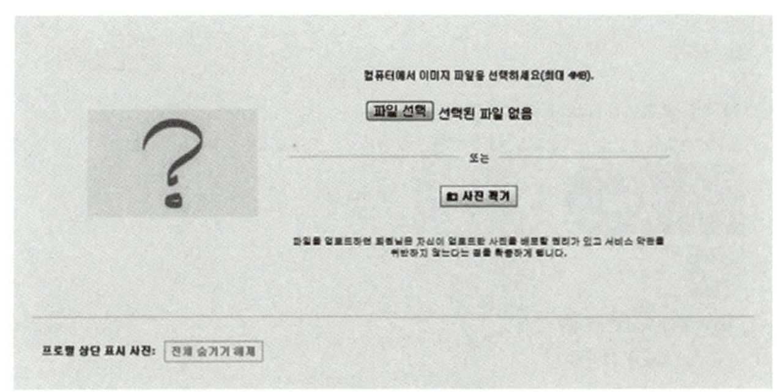

프로필 이미지 업로드

2) 친구 초대

페이스북은 '친구'라는 개념 대신 '팬' 기반이다. '팬'이 되는 방법은 간단하다. 페이스북의 '좋아요'만 클릭하면 된다. 그런데 친구 초대는 왜 필요할까? 페이스북은 '좋아요'를 클릭한 25명의 팬을 확보하면 고유 주소를 가질 수 있다.

처음 페이지를 개설하면, URL은 'http://www.facebook.com/pages/QRcode/123458214397908' 형식으로 되어 있어서 외우기가 힘들다. 그렇지만 팬을 보유하면 뒤의 숫자들이 제거된 'http://www.facebook.com/pages/QRcode'만으로 접근할 수 있다.

그러나 이제 막 페이스북에 가입했다면, 친구가 없기

페이스북 친구 초대

때문에 필수 사항은 아니다. 그리고 단지 가독성이 높은 URL을 얻기 위해 친구들에게 '좋아요'를 부탁하는 것은 좋은 방법이 아니다. 페이스북의 URL을 직접 입력하여 들어오는 사람은 거의 없기 때문이다.

대신 자신의 쇼핑몰에 '좋아요' 버튼을 노출시키고 유익한 정보를 제공하여 방문 고객들이 '좋아요'를 클릭하도록 유도하거나, 개인 프로필의 친구를 늘리고 지속적으로 글을 업데이트하여 '좋아요'를 클릭하도록 하는 것이 자연스럽다.

3) 팬들에게 알리기

기존에 다른 페이스북을 운영하고 있거나, 이미 보유한 회원이 있는 상태라면 메일을 통해서 페이스북이 개설되었음을 알릴 수 있다.

4) 상태 업데이트 게시하기

상태 업데이트는 페이스북 운영에서 가장 중요한 사항이다. 새로운 공동구매 상품이나 이벤트의 소식들을 게시하고, 상품과 관련된 유익한 정보를 지속적으로 제공하면 자연스럽게 팬이 늘어난다. 상태 업데이트를 통한 팬을 확보하는 방법은 후에 다시 살펴볼 것이다.

5) 회원의 웹사이트상에서 페이지 홍보하기

이것 역시 팬 층을 늘릴 수 있는 중요한 방법이다. 페이스북 내에서가 아닌 자신의 쇼핑몰에 '좋아요' 버튼을 삽입하여 방문 및 구매고객을 팬으로 끌어들일 수 있다. 그러나 카페24의 소셜커머스 솔루션은 사이트 소스를 직접 수정할 수는 없어 '좋아요' 버튼을 삽입할 수는 없다. 이 점은 소셜 커머스 솔루션의 아쉬운 점이지만, 곧 지원될 것으로 기대된다.

6) 휴대폰 등록하기

상태 업데이트를 휴대폰이나 이메일로도 할 수 있음을 알리기 위한 부분이다.

FBML 활용하기

페이스북은 사이트 전체 레이아웃은 변경할 수 없다. 하지만 사용자의 콘텐츠는 운영자의 입맛에 맞게 변경할 수 있는데 이것을 가능하게 하는 것이 바로 FBML이다.

FBML은 'FaceBook Markup Language'의 줄임말로서, 페이스북에서 사용할 수 있는 html인 셈이다. FBML을 이용하면 간단하게는 페이지 본문의 단어를 굵게 하고 이미지를 삽입하는 것부터 시작해서, 팝업창을 호출하고 친구목록을 호출하여 선택하는 등의 복잡한 액션도 가능하다.

FBML을 이용한 훌륭한 사례는 많다. 여기서는 인기 있는 페이스북 페이지를 중심으로 살펴보도록 하겠다.

1) 코카콜라(http://www.facebook.com/cocacola)

코카콜라의 페이스북은 가장 인기 있는 페이지 중에

코카콜라의 페이스북 페이지

하나이다. 코카콜라의 'Home' 탭에는 FBML을 이용하여 멋진 페이지를 선보이고 있다.

2) 스타벅스(http://www.facebook.com/Starbucks)

스타벅스의 페이스북은 코카콜라 다음으로 가장 많은 팬을 거느리고 있다. 'Starbucks Card' 탭으로 가면 FBML을 이용하여 스타벅스 카드에 대해 설명한 페이지

스타벅스의 페이스북 페이지

를 만들어서 운영하고 있다.

3) 삼성 투모로우(http://www.facebook.com/SamsungTomorrow)

삼성그룹은 글로벌 기업답게 국내기업 중 가장 활발한 페이스북 활동을 벌이고 있는 기업이다. 사업단위별, 브랜드별로 여러 개의 페이스북을 운영하고 있으며 많은 팬을 거느리고 있다. 그중 하나인 삼성 투모로우는 'Live Gallery'라는 탭이 있는데, 이곳 역시 FBML을 이용하여

삼성전자 페이스북 – 삼성 투모로우

멋지게 페이지를 꾸미고 있다.

페이스북 애플리케이션 활용하기

앞서 티켓몬스터, 쿠팡, 위메이크프라이스의 페이스북 활용도를 벤치마킹할 때 잠시 살펴보았듯이 페이스북 내에서 실행할 수 있는 페이스북 애플리케이션을 연동할 수 있다. 페이스북의 담벼락을 통해 고객의 목소리를 듣고, FBML을 통해 정적인 페이지를 만들어 정보를 전달할 수 있지만, 페이스북 애플리케이션을 이용하면 페이스북을 더욱 풍성하게 만들 수 있다.

페이스북 애플리케이션은 복잡한 설치 과정 없이 정보접근을 허가하는 것만으로 바로 이용할 수 있다. 앞서 살펴보았던 FBML도 페이스북에서 자체적으로 만든 애플리케이션이라 할 수 있다.

그러면 페이스북에서 사용할 수 있는 유용한 애플리케이션을 살펴보자.

1) 리스팅스(Listings; http://www.facebook.com/imageya)

이미지야(imageYa)는 캐나다에 위치한 온라인 부동산 사진 서비스업체로서, 미국과 캐나다의 부동산 중계업자들이 고화질 부동산 매물 사진을 부동산 관련 사이트와 페이스북에 공개할 목적으로 사진 촬영을 대행해 주는 사업을 하고 있다. 이미지야는 캐나다의 한국 교포들이 창업한 회사여서 더욱 화제가 되었던 곳이다.

리스팅스는 부동산 외에도 각종 목록을 손쉽게 만들 수 있기 때문에 많은 곳에서 활용하고 있다. 리스팅스 앱은 간단한 홍보용이나 판매용 목록을 페이스북 페이지에

이미지야의 공식 사이트

리스팅스 활용 예

게시할 때 유용하게 활용할 수 있다. 앞서 보았던 티켓몬스터의 'Welcome to Tmon'도 리스팅스 앱을 활용한 좋은 예이다.

2) 인볼버(Involver)의 페이스북 애플리케이션들

인볼버는 미국의 소셜미디어 컨설팅 전문업체로서 페이스북을 이용한 마케팅 솔루션을 제공하는 대표적인 업체이다. 인볼버의 수많은 애플리케이션은 대부분 무료이며, 페이스북에 손쉽게 설치할 수 있다.

- RSS Feed: 기업 블로그를 페이스북에 연동할 수 있다. 블로그를 운영하고 있다면 페이스북에서 블로그의 글들을 바로 노출할 수 있다.
- Twitter: 페이스북과 트위터를 연동할 수 있다.
- Youtube Chanel: 유튜브에 올린 동영상을 페이스북 페이지와 연동하는 애플리케이션이다. 유튜브에 동영상을 게시할 때 유용하게 활용할 수 있다.
- Flickr: 플리커 계정에 있는 사진 자료들을 페이스북과 연동할 수 있다.
- Scribd: 페이스북에서 PDF 문서, 엑셀(xls), 워드(doc), 파워포인트(ppt) 등을 바로 볼 수 있다.

가장 빠르게 정보가 유통되는 곳, 트위터

2010년 9월, 인천과 서울 일부 지역에 갑작스런 폭우가 쏟아져서 1시간 만에 물바다가 되었을 때, 그 소식을 가장 먼저 접할 수 있었던 곳은 TV의 속보 뉴스도, 라디오 방송도 아닌 트위터였다. 김주하 아나운서는 자신의

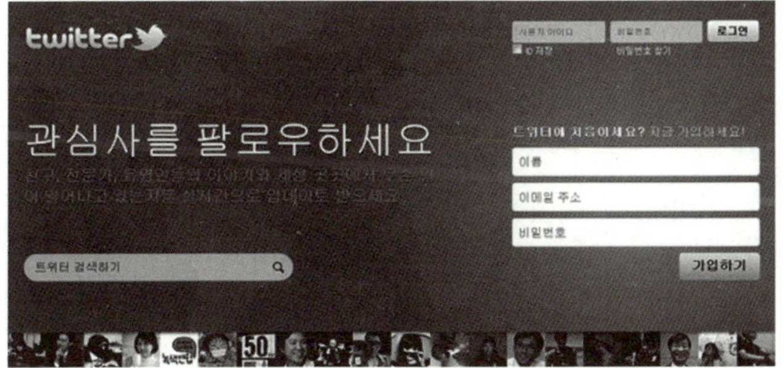

트위터(http://twitter.com)

팔로워들을 대상으로 실시간 트윗을 통해서 해당지역 상황을 전달받아 계속 리트윗을 했다.

이렇듯 '140자의 매직'으로 불리는 트위터는 가장 빠르게 정보가 유통되는 정보 유통 채널로 각광받고 있다. 온라인 쇼핑몰 운영자의 입장에서 트위터는 저렴하면서 확산 속도가 빠른 강력한 마케팅 툴을 제공하는 셈이다. 페이스북이 신뢰와 친근감을 기반으로 하는 신뢰 마케팅이라면 트위터는 정보의 빠른 확산을 기반으로 하는 정보 마케팅을 할 수 있다.

트위터 가입하기

가입은 매우 쉽다. 첫 페이지에서 이름과 이메일 주소, 비밀번호만 입력한 후 '가입하기' 버튼을 클릭하자.

간단한 가입정보 입력 페이지에서는 앞서 입력했던 이름과 이메일 주소가 기본으로 나타난다. 트위터는 추가로 사용자 아이디를 입력받고, 이용약관에 동의해야 한다. 이용약관 부분은 2011년 트위터가 한국어 서비스를 시작한 후 새로 추가된 부분이다. 입력이 끝났다면 '가입하기' 버튼을 눌러보자. 이것으로 가입이 완료되었다.

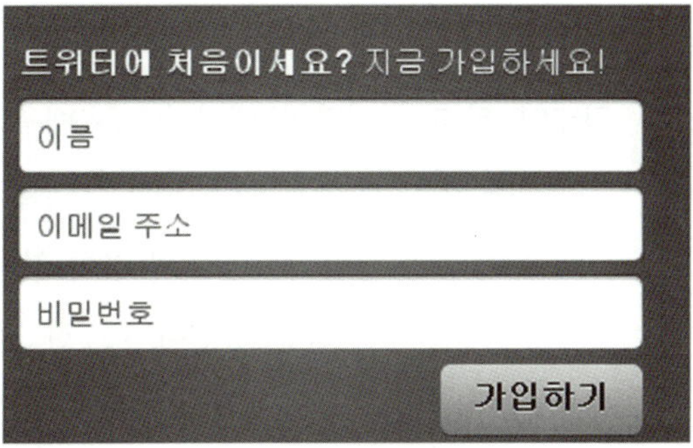

트위터 가입하기

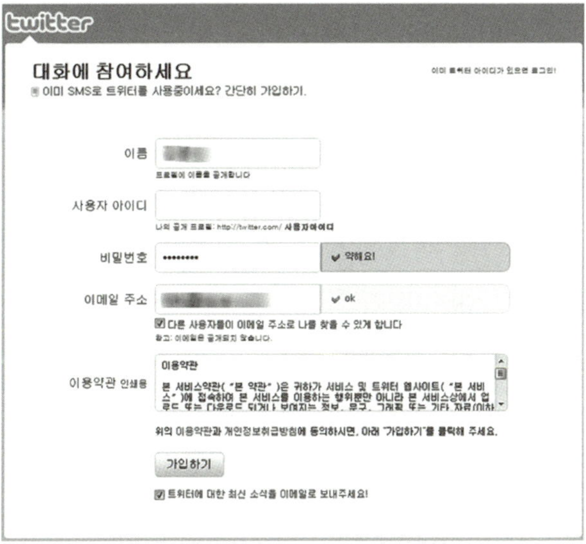

트위터 가입 정보 입력

트위터를 이용하여 상품 홍보하기

트위터를 이용하여 상품을 홍보하는 것은 많은 주의가 필요하다. 팔로잉·팔로워 기반의 메커니즘은 매우 약한 관계이므로, 관계를 맺는 것도 쉽지만 끊는 것도 쉽기 때문이다. 요즘에는 하루에 생산되는 트윗의 양이 엄청나기 때문에 이를 잘 조절하지 못하면 자신이 트윗한 글들이 다른 사람의 글들에 묻히거나, 스팸처럼 느껴져서 팔로잉을 끊어 버릴 수도 있다.

트위터는 SNS라기보다는 정보 방송국의 형태로 발전하고 있다. 실제로 트위터를 서비스하는 트위터 측도 자신을 SNS가 아닌 '실시간 정보 네트워크'라고 소개하고 있다. 따라서 소셜커머스 업체는 이러한 성격을 잘 활용해야 한다. 소셜커머스 업체가 트위터를 통해 상품을 홍보하는 방법은 크게 2가지가 있다.

1) 자사 계정을 통한 직접 홍보

직접 트위터 계정을 개설해서 상품정보를 트위터에 올리고 팔로워들에게 홍보하는 방법이다. 자사 계정을 이용할 때에는 초반에 얼마나 빨리 팔로워를 늘릴 수 있는가가 중요하다. 팔로워를 늘리기 위해 경품 이벤트를 마련하는 것도 좋은 방법이다.

트윗하는 방법도 상당히 중요하다. 트위터가 많이 알려지지 않은 1년 전만 해도 트위터를 통해 상품명과 상품상세를 확인할 수 있는 링크 주소만 게시하면 되었지만, 지금은 그런 방식의 트윗은 통하지 않는다. 팔로워들이 관심을 가질 만한 정보를 제공하거나, 재미있는 이야기들을 게시하여 지속적인 관심을 유도하고, 그 속에 오늘의 거래 정보를 트윗하는 방식으로 하는 것이 좋다.

재미있거나 유용한 정보를 지속적으로 제공한다면 팔로워들은 리트윗을 통해 자신의 네트워크에 전파하게 된다. 자사 계정을 통한 직접홍보는 바로 리트윗을 많이 일어나게 하는 것이 관건이라 할 수 있다.

그러나 팔로워가 많고 리트윗이 많다 해도 그것이 구매

티켓몬스터의 트위터. 판매상품 중 하나인 tvN의 오페라스타에 관해 이야기하면서 지속적인 관심을 유도하고 있다.

로 직접적으로 이어진다고 보장할 수는 없다. 따라서 자사 계정을 통한 홍보는 상품의 구매보다는 사이트의 지속적인 방문을 이끌어 내는 데 적합한 방법이다.

2) 스크랩 기능을 통한 간접 홍보

SNS 스크랩 기능에 대한 것은 이미 앞에서 언급했다. SNS 스크랩을 통한 상품홍보는 자신과 잘 아는 친구가 해당 상품이 유용하기 때문에 추천을 했다고 생각하는 경향이 있기 때문에, 직접 홍보를 했을 때보다 구매 전환 효과가 더 크다. 따라서 스크랩 기능은 정보의 확산보다는 관계간의 신뢰를 바탕으로 하며, 구매율을 높이기 위한 수단으로 활용할 수 있다.

트위터로 고객의 목소리 듣기

트위터는 고객의 목소리를 바로 들을 수 있는 강력한 고객관계관리(Customer Relationship Management; CRM) 도구로 자리 잡고 있다. 해외에서는 트위터 계정을 통해 고객의 피드백만 전문적으로 처리하는 인력을 배치하고, 신속히 응대함으로써 온라인 대변인의 역할을 톡

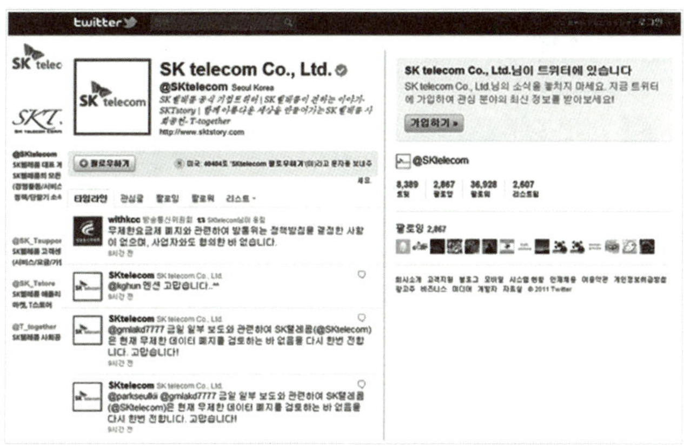

SKT 트위터(http://twitter.com/sktelecom),
무제한 요금제 오보에 대한 입장을 발표하고 있다.

톡히 해내고 있다. 국내에서도 KT나 SKT 같은 통신사가 트위터 계정을 개설하여 고객을 관리하고 있다. 특히 언론에 공개하지 않은 신제품에 관한 정보도 트위터를 통해 발표하고, 언론사들이 거꾸로 트위터 내용을 인용하여 보도하기도 한다.

트위터를 활용할 경우, 그동안 언론사를 통해서 추측성 기사나 오보에 대해서 즉각적인 조치가 가능하고 사전에 예방할 수 있는 장점이 있다. 또한 트위터 검색을 이용하여 자사명이나 자사와 관련된 특정 키워드로 검색하여 사람들이 자신의 회사를 어떻게 평가하고 상품에 대

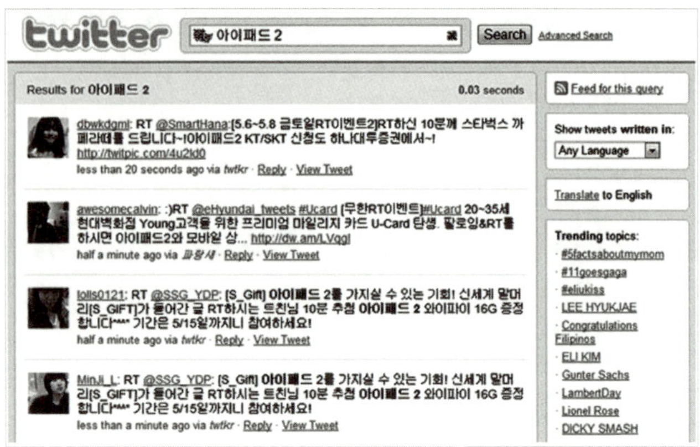

아이패드 2를 키워드로 한 트위터 검색결과

해서 어떤 반응들을 보이는지 즉각 알아볼 수 있다.

그러나 아직 국내에서는 트위터를 통해 고객 관리를 하기가 쉽지는 않다. 트위터를 모니터링하는 전문 인력을 따로 배치하기도 어려우며, 무수히 쏟아지는 악플과 의미 없는 메시지들 가운데 옥석을 가려내어 고객 관리를 한다는 것이 쉬운 일이 아니기 때문이다.

참고할 만한 기업 트위터

· 티켓몬스터: http://twitter.com/tmonkr
· 쿠팡: http://twitter.com/coupang

- 위메이크프라이스: http://twitter.com/wemakeprice
- 그루폰코리아: http://twitter.com/grouponkorea
- G마켓: http://twitter.com/gmarketstory
- 옥션: http://twitter.com/ebay_auction
- 11번가: http://twitter.com/style11st
- 인터파크: http://twitter.com/interpark_blog
- SK텔레콤: http://twitter.com/sktelecom
- KT: http://twitter.com/olleh_twt
- 삼성전자: http://twitter.com/samsungtomorrow
- LG전자: http://twitter.com/LG_TheBLOG

페이스북과 트위터가 SNS의 전부는 아니다. 실제로 전 세계에는 많은 SNS가 각자의 강점을 가지고 서비스를 하고 있다. 페이스북과 트위터는 그중에서 가장 활발한 활동이 이루어지는 쌍두마차이기 때문에 마치 SNS의 전부인양 생각되는 것뿐이다.

우리 나라에는 트위터나 페이스북 못지않은 대표적인 SNS들이 있다. 대표 포털인 네이버, 다음, 네이트에서 각각 서비스하고 있는 미투데이, 요즘, C로그가 그 주인공들이다. 온라인 쇼핑몰의 주요 고객이 대부분 내국인이므로, 이들이 가장 활발한 서비스를 활용하는 것은 당연한 일이다.

미투데이

미투데이는 한국형 트위터로 많이 알려진 국내 대표적인 SNS로서 네이버를 운영하는 NHN에서 운영한다. 미투데이는 네이버 아이디만 있으면 누구나 이용할 수 있는 것이

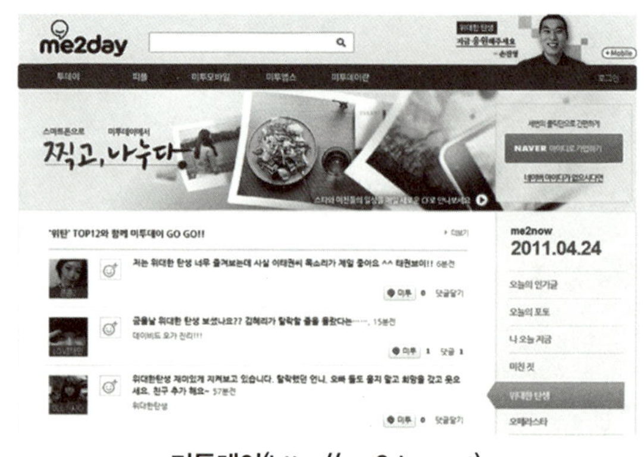

미투데이(http://me2day.net)

장점이다. 대한민국 인터넷 사용자라면 네이버 계정을 거의 가지고 있을 만큼 국내 최고의 포털이므로 사실상 별도의 회원가입이 필요 없다.

미투데이는 네이버 카페나 블로그와 연동되므로, 온라인 쇼핑몰을 운영한다면 반드시 고려해야 할 마케팅 수단이다. 전 세계적으로는 페이스북과 트위터의 규모에 비할 바가 못 되지만, 국내에서는 네이버라는 철옹성의 서비스를 등에 업고 적극적인 지원을 받고 있기 때문이다.

요즘

요즘은 다음에서 운영하는 SNS이다. 네이버의 미투데이보다는 뒤늦게 시작했지만, 브랜드와 연예인을 적극 유치하고 소셜 게임을 발 빠르게 도입하여 사용자를 끌어 모으고 있다. 또한 다음이 국내 제2의 포털이라는 점도 큰 이점으로 작용한다. 요즘 역시 다음 아이디만 있으면 바로 개설할 수 있다.

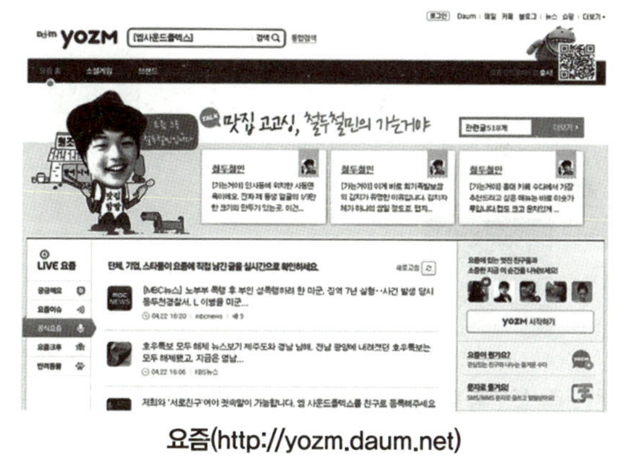

요즘(http://yozm.daum.net)

C로그

C로그는 싸이월드를 서비스하고 있는 네이트에서 2010년 새롭게 선보인 SNS이다. 싸이월드는 대표적인 커뮤니티 서비스로서 SNS의 원조라 할 수 있다. C로그는 싸이월드의 시스템을 그대로 계승하고 있으며, 실시간성이 강화된 싸이월드의 SNS 버전이라 할 수 있다.

C로그(http://c.cyworld.com)

차두리 선수의 C로그(http://c.cyworld.com/49460452)

실제로도 C로그에는 싸이월드 미니홈피에 등록된 글들과 방명록에 남겨진 글들을 뉴스피드를 통해 실시간으로 볼 수 있다. 싸이월드가 비록 과거와 같은 명성을 가지고 있진 않지만, 아직도 젊은 여성층을 중심으로 많이 이용되고 있음을 감안해 본다면 마케팅 수단으로 활용가치가 있다. C로그도 네이트 회원이거나 싸이월드 계정을 가지고 있으면 누구나 개설할 수 있다.

동영상을 활용하라, 유튜브 마케팅

유튜브(YouTube)는 세계 최대의 동영상 공유 서비스
로서 구글이 운영하고 있다. 유튜브는 구글 계정만 가지

세계 최대의 동영상 공유 사이트, 유튜브(http://www.youtube.com)

고 있다면 바로 사용할 수 있으며, 구글 계정이 없더라도 별도로 가입하여 사용할 수 있다.

유튜브 마케팅의 장점

유튜브를 이용하여 상품과 관련된 동영상을 업로드할 경우 몇 가지 장점이 있다.

1) 저장 용량의 확보

유튜브에 동영상을 업로드하는 것은 유튜브의 전용 서버에 동영상을 업로드하는 것이므로, 자신의 서버의 저장 용량을 차지하지는 않는다.

소셜커머스 솔루션이 대부분 임대형을 이용하기 때문에 솔루션 등급에 따라 서버의 저장 용량이 제한되는데, 외부에서 동영상을 가져오면 그만큼의 저장 용량을 다른 자원으로 활용할 수 있다.

2) 트래픽 확보

동영상은 트래픽을 유발시키는 것 중 하나이다. 유튜브에 동영상을 올리면, 동영상을 플레이할 때 유튜브 서버가 트래픽을 대신 받기 때문에 쇼핑몰을 이용하는 고객들이 쾌적한 속도로 쇼핑할 수 있다.

3) 동영상 공유

유튜브는 동영상 공유 서비스이다. 자신이 올린 동영상을 전 세계에 공개할 수 있으며 팬들도 거느릴 수 있다. 이런 점을 이용하여 국내 홈쇼핑이나 엔터테인먼트 기업들이 유튜브에 계정을 두고 자체 제작한 동영상을 공개하여 전 세계인을 대상으로 마케팅을 하고 있다.

유튜브 마케팅 시 유의할 점

유튜브를 이용할 때 다음과 같은 점은 주의해야 한다.

1) 저작권

유튜브는 자신이 직접 제작한 동영상뿐만 아니라 다른 사람이 만든 동영상도 업로드할 수 있는데, 반드시 저작권과 관련된 사항을 알아보고 업로드해야 한다. 자체 제작한 동영상이라 하더라도, 동영상에 등장하는 인물이나 상품, 콘텐츠에 대한 초상권, 저작권 등을 세밀하게 알아보고 동영상 공개에 대한 동의를 얻어야 한다. 이것을 소홀히 한 경우 종종 저작권이나 초상권과 관련한 분쟁이 발생한다.

2) 콘텐츠 내용

동영상 공유에 적합하지 않은 선정적인 내용이나 허위 내용을 담고 있는지를 주의 깊게 살펴야 한다. 선정적인 내용은 유튜브 자체의 기준에 의해 차단이 될 수도 있고, 허위 내용을 담고 있다면 사람들의 외면을 받게 될 것이다.

3) 동영상 분량

온라인 기반 동영상은 5분 내외의 길이로 만드는 것이 적당하다. 동영상의 특징상 재생될 내용이 무엇인지 단번에 알 수 없는 경우가 많으므로, 고객은 동영상보다는 이미지가 첨부된 텍스트 정보를 더 많이 읽는 편이다. 소셜커머스에 포함될 동영상은 상품 상세 설명을 보강하기 위해 사용되는 경우가 많으므로, 동영상 재생 시간이 길면 아예 보지 않는 경우가 많다. 따라서 상세 정보를 보강할 내용을 담아서 5분 내외로 제작하는 것이 좋다.

유튜브로 자신만의 쇼핑방송국 만들기

이제 자신의 쇼핑몰을 위한 쇼핑방송국을 만들어 보자. 거창하게 쇼핑방송국이라 했지만, 사실 계정을 개설하기만 하면 자동으로 자기 채널을 부여받는 것이다.

자기 채널에는 자기가 올린 동영상뿐만 아니라, 자기가 즐겨찾기한 동영상도 함께 표시된다. 또한 자기 채널을 꾸밀 수 있는 설정 기능도 있어서 자신만의 색깔을 가진 채널 페이지를 만들 수도 있다. 동영상 활용을 많이 하는

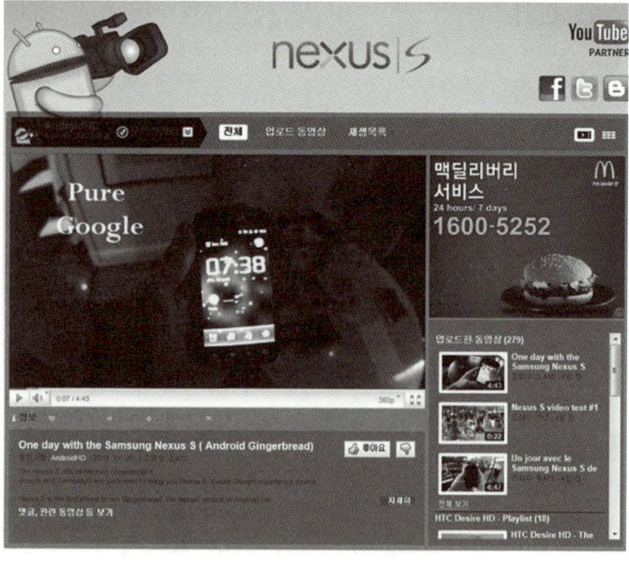

유튜브 채널. 계정만 개설해도 자신만의 채널을 가질 수 있다.

온라인 매거진 같은 서비스는 유튜브에 채널을 개설하고 자신만의 디자인을 적용하여 큰 비용을 들이지 않고 온라인 방송국을 운영하고 있다.

계정을 개설한 후 오른쪽 상단의 아이디를 클릭하면 6개의 메뉴가 나타난다. 그중에서 '내 채널'을 클릭해 보자. 이곳이 앞으로 우리가 꾸며야 할 곳이다.

1) '내 채널' 설정

'내 채널'로 들어오면 상단에 여러 개의 설정 탭에서 '내 채널'에 대한 설정사항을 수정할 수 있다. 몇 가지를 바꿔 보자.

① 제목: 채널 박스의 제목으로 나오는 부분이다. 쇼핑몰 이름과 간단한 슬로건을 조합하여 넣는 것이 좋다.

② 채널 유형: 채널 유형에는 일반/디렉터/뮤지션/코미디언/전문가/리포터가 있는데 기본값인 '일반'으로 설정

하면 된다.

③ 채널 태그: 다른 사람들이 검색을 통해 '내 채널'을 찾을 수 있도록 키워드를 설정할 수 있다. 쇼핑몰 이름과 쇼핑몰에서 주로 다루는 상품의 특징을 단어로 만들어서 넣어 보자(반드시 '소셜커머스'와 'social-commerce'라는 단어는 넣도록 하자). 띄어쓰기가 필요한 단어는 언더바(_)나 하이픈(-) 문자 등으로 대체해서 넣도록 하자. 위에 언급되지 않은 항목들은 '기본'으로 설정하고 '변경내용 저장'을 클릭하자.

2) 테마 및 색상 설정하기

유튜브 테마 및 색상 설정을 통해 미리 만들어진 테마를 손쉽게 '내 채널'에 적용할 수 있고, 자기가 꾸민 테마를 저장했다가 나중에 재활용할 수도 있다.

유튜브에는 10개의 테마가 있다. 채널을 개설한 직후라면 '회색' 테마가 적용되어 있을 것이다. 만일 회색이 마음에 들지 않는다면 다른 준비된 테마를 선택하자.

마음에 드는 테마가 없을 경우에는 직접 테마를 꾸며야 하는데, 이럴 경우에도 미리 준비한 테마를 선택하여 변경한 후 세부 설정을 하는 것이 좋다. '고급 옵션 표시'

를 클릭하면 현재 적용된 테마를 세밀하게 다시 수정할
수 있다.

먼저 일반 항목에 있는 속성들을 살펴보자. 설정이 완
료되었다면 '변경내용 저장' 버튼을 클릭하자. 그러면 설
정에 따라 변경된 채널이 보일 것이다.

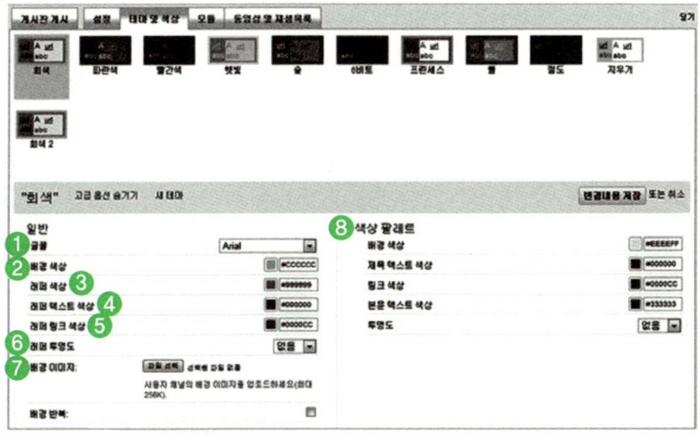

❶ 글꼴: 채널에 기본적으로 적용되는 글꼴을 설정할
수 있다. 기본값은 'Arial'이다.

❷ 배경 색상: 페이지의 배경에 적용되는 색상이다. ❼
의 배경 이미지를 적용한다면 배경 색상은 가려진다.

❸ 래퍼 색상: 래퍼란 동영상 콘텐츠가 실제로 게시되
는 박스 형태의 영역을 의미한다. 래퍼를 확인해 보고 싶
다면 ❻의 래퍼 투명도를 100%로 설정해 보자. 사라지

는 부분이 바로 래퍼이다.

❹ 래퍼 텍스트 색상: 래퍼에 있는 텍스트 색상을 설정한다. 래퍼 텍스트는 대부분 사용하지 않으므로 기본값으로 두자.

❺ 래퍼 링크 색상: 래퍼에 링크된 텍스트 색상을 설정한다. 역시 잘 사용하지 않으므로 기본값으로 두자.

❻ 래퍼 투명도: 배경 이미지를 사용한다면 투명도 설정을 통해 배경 이미지가 은은하게 비치는 멋진 효과를 연출할 수 있다.

❼ 배경 이미지: 배경에 이미지를 사용하고 싶을 때 적용할 수 있다. 단 크기는 256Kb까지 가능하다. 배경 이미지는 반복되는 경우가 많으므로 패턴 형식의 이미지가 적합하다.

❽ 색상 팔레트: 래퍼에 그룹화된 각 박스 영역들을 의미한다. 색상 팔레트가 어떤 영역에 적용되는 것이지 알아보려면, 색상 팔레트의 투명도를 100%로 설정해 보자. 사라지는 부분이 색상 팔레트가 적용되는 부분이다.

- 배경 색상: 각 박스의 배경을 설정할 수 있다.

- 제목 텍스트 색상: 채널의 제목 색상을 설정할 수 있다. 일반에서 설정한 래퍼 배경색과 색상 팔레트에서

채널의 테마를 변경한 후의 모습(파란색 테마를 선택하였다)

적용한 배경 색상, 그리고 투명도를 고려하여 눈에 잘 보이는 색상으로 설정하는 것이 좋다.

- 링크 색상/본문 텍스트 색상: 각각 링크된 텍스트와 일반 텍스트의 색상을 설정할 수 있다. 배경색과 조화를 고려하여 설정하면 된다.

- 투명도: 박스의 투명도를 설정할 수 있다.

3) 모듈 설정하기

모듈은 채널에 표시될 몇 가지 준비된 내부 기능을 말

한다. 구독자/댓글/친구/구독정보가 기본으로 선택되어 있으며, 일정/포럼/기타 채널/최근 활동을 추가로 선택할 수 있다.

특히 댓글은 '내 채널'에 대한 팬들의 반응을 바로 볼 수 있다. 포럼은 채널에 채널 댓글이라는 항목으로 표시되며 '내 채널'에 방문하는 누구나 글을 게시할 수 있다.

포럼은 유튜브 사용자를 대상으로 (정해진 시간 내에 참여 가능한) 공개 토론 공간을 만들거나 설문조사를 할 수 있다. 신상품의 출시나 특별기획전을 수행할 경우 유튜브의 채널을 통해서도 포럼을 개설하여 유튜브 회원들의 참여를 이끌어 낼 수 있다.

유튜브 채널의 모듈 설정

쇼핑몰에 유튜브 동영상 넣기

유튜브에 업로드한 동영상은 유튜브 채널을 통해서 공개되지만, 자신의 쇼핑몰의 상품 정보에도 직접 넣을 수

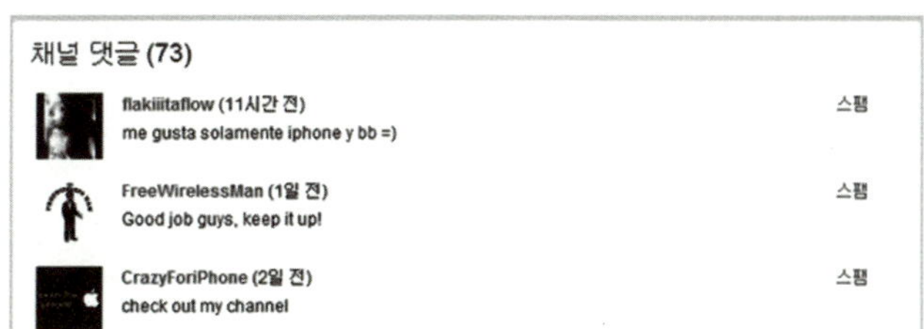

유튜브 채널 댓글

있다. 쇼핑몰에 유튜브 동영상을 넣는 방법은 매우 간단하다. 이 방법은 자신이 직접 올린 동영상에만 국한되는 것이 아니라, 모든 유튜브 동영상에 적용되는 사항이다.

카페24 무료 소셜커머스 솔루션으로 구축한 자신의 쇼핑몰에 상품이 이미 등록되어 있고 상품 상세 설명을 수정한다고 가정해 보자. 물론 신규 등록도 거의 같은 방식으로 이루어진다. 만약 동영상을 넣으려면 어느 정도 html을 읽을 수 있는 지식이 있어야 한다. html에 대한 지식이 전혀 없다면 지식이 있는 사람을 섭외해야 한다.

1) 동영상 소스코드 복사

먼저 상품 상세 설명에 추가할 동영상에 대한 소스코드를 얻어야 한다. 동영상 소스코드는 유튜브의 '내 채널'에서 얻을 수 있다. '내 채널'에서 상품 정보에 넣을 동영상 상세 페이지로 이동하자. 동영상 플레이어의 하단에 '공유' 버튼을 클릭하면 아래쪽으로 추가설정 화면이 나타난다.

추가로 나타나는 박스에서 '소스코드'를 선택하면, 소스코드를 복사할 수 있는 항목이 보일 것이다. 크기를 쇼

유튜브 동영상 플레이어의 공유하기

유튜브 동영상 공유하기 – 소스코드

핑몰의 상품 상세 설명 영역에 따라 적당하게 설정한 후 텍스트 박스에 나타난 부분을 복사(Ctrl+C)한다.

2) 상품 상세 정보 수정하기

자신의 쇼핑몰의 관리자 페이지로 돌아와서 상품 수정 페이지로 이동하자. 상품 수정 페이지의 상세 정보 입력에서 동영상이 위치할 곳에 마우스를 클릭한 후 엔터(enter)키를 입력하자. 그리고 html 에디터에서 'html 소스' 버튼을 클릭하여 html 소스 모드로 전환하자. 엔터키를 한번 입력해 놓은 상태이기 때문에 `<p> </p>`라는 부분이 몇 군데 있을 것이다. 동영상을 넣을 부분을 소스코드에서 찾아서 ' ' 부분을 지우고 복사해 둔 동영상 소스코드를 넣자. 그리고 다시 'html 소스' 버튼을 눌러 에디터 모드로 돌아온다.

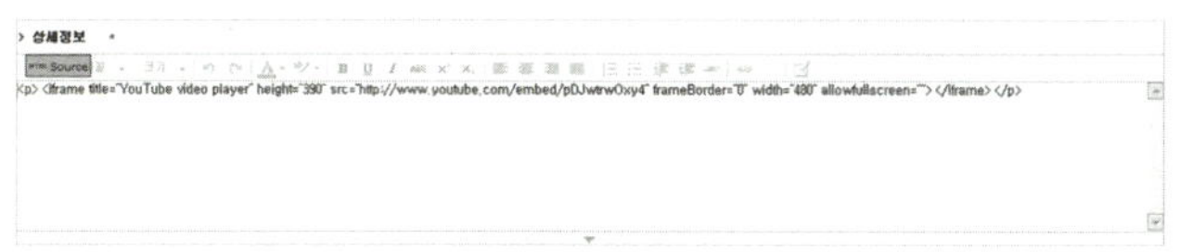

유튜브 동영상 소스코드 넣기

유튜브 동영상은 이렇게 보인다.

3) 유튜브를 활용한 사례

– CJmall(http://www.youtube.com/user/cjmall)

CJmall은 국내 홈쇼핑 중에 가장 먼저 앞서서 유튜브를 활용하여 마케팅을 벌였다. 비록 지금은 동영상 업로드가 중단된 상태지만, 개설 초기에 재미있는 동영상을 게시해서 많은 사람들에게 웃음을 주기도 했다.

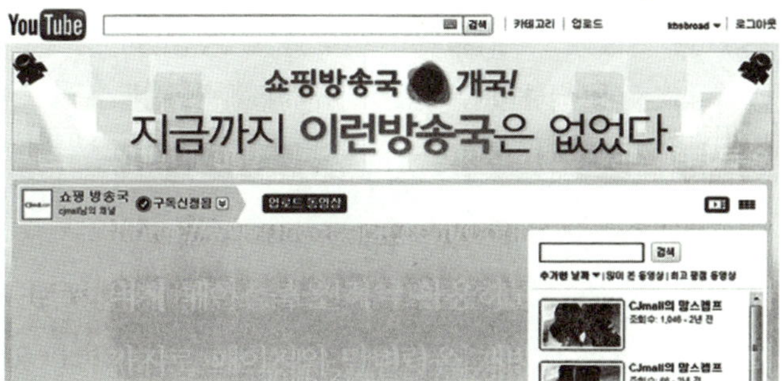

CJmall의 유튜브 쇼핑방송국. 지금은 업데이트가 중단되었다.

– SM 엔터테인먼트(http://www.youtube.com/user/sment)

SM 엔터테인먼트는 유튜브를 가장 활발하게 이용하는 국내 엔터테인먼트 기업들 중 하나이다. 소녀시대는 일본에 진출하기 전에 유튜브를 통해 국내의 활동 내역을 동영상으로 공유하여 전 세계 팬층을 이미 확보하였기 때문에 일본 진출에 성공할 수 있었다.

SM엔터테인먼트의 유튜브 채널

Seven Days Master Series

누구도
알려주지 않는
소셜커머스
운영 노하우

고객센터 운영하기

소셜커머스를 운영하면서 제일 중요하게 생각해야 할
문제는 고객센터 운영이다. 인터넷에서 구매하는 것이기
때문에 직접 보거나 테스트할 수 없다. 그래서 반품, 교
환, A/S 등 다양한 문의가 있을 수밖에 없다. 고객에게
어떻게 대응하고 처리하느냐에 따라 고객이 느끼는 이미
지가 달라지고, 단골 회원 수도 변하게 될 것이다.

1) 회원정책

소셜커머스 고객센터를 운영하기 위해서는 기본적인
운영정책들을 만들어야 한다. 회원가입부터 탈퇴까지 회
원과 관련된 정책들을 세우고, 회원들을 효율적으로 관

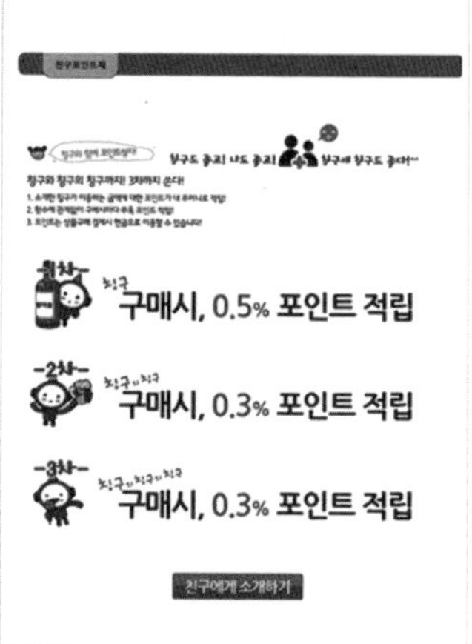

위메이크프라이스의 회원가입 축하 메일과 친구추천 포인트 적립

리해야 한다. 회원가입을 한 고객에게 회원가입 축하 메일링을 발송해야 하며, 적립금 및 할인쿠폰 또는 회원들의 등급에 따라 프리미엄 혜택을 주는 정책을 세워야 한다. 그래야 신규 고객과 기존 고객들을 꾸준히 확보할 수 있기 때문이다.

탈퇴 시에는 탈퇴 사유를 적게 하거나 선택할 수 있게 함으로써 차후 서비스에 반영해 고객들이 같은 이유로 빠져나가지 않게 개선해 나가야 할 것이다.

2) 상품정책

소셜커머스의 기본이 되는 것이 상품이다. 판매상품은 쇼핑하는 고객의 구매욕을 자극하는 중요한 기준이 되므로, 상품을 기획하는 사람은 시장 상황을 잘 파악하고 고객의 요구를 미리 읽어 앞선 상품을 확보해야 한다. 어떤 상품을 어떤 콘셉트로 어떻게 팔 것인지 정책을 세워 체계적으로 운영해야 한다. 하루에 한 가지 상품만 팔 것인지? 매주 금요일에는 특별하게 90% 이상 할인된 물건을 팔 것인지? 정해진 정책이 있어야 물건을 구매하러 온 고객들도 혼돈스럽지 않다.

상품은 경쟁업체나 가격 비교 사이트에서 비교 분석하여 가격 비교 사이트에서 파는 최저가의 판매가보다 비싸게 책정이 되었는지 확인하는 것이 좋다. 최저가 사이트보다 비싸게 책정이 되어 있거나 금액의 차이가 별로

위메이크프라이스 베스트 딜

없다면 소셜커머스의 경쟁력을 키울 수 없을 것이다. 주기적으로 잘나가는 상품을 꾸준히 리스트업해서 관리하고, 마진을 책정해 상품정책을 정하도록 한다.

3) 배송정책

**위메이크프라이스
쿠폰번호 메시지**

인터넷 쇼핑몰을 운영하다 보면 배송문제를 빼놓을 수 없다. 왜냐하면 모든 물건은 배송을 통해 고객에게 전달되기 때문이다. 배송정책 중에서 제일 중요한 요소는 배송비와 배송기간, 반송, 배송포장 상태이다. 배송비가 물건에 비해 비싸거나 비싼 물건을 샀는데도 배송비가 유료이면 고객이 해당 물건의 구입을 망설일 수 있다. 그러니 일정 금액 이상 구매 시에는 무료배송이라는 정책을 세우는 것이 좋다.

물론 배송비용을 책정할 때에는 판매가격에 원가, 포장

비, 택배비용 등을 포함하여 상품배송과 관련된 비용을 산정하는 것이 좋다. 배송기간도 국내 배송일 경우에는 최소 2일에서 최대 7일 이내는 배송하는 것을 원칙으로 하고, 반송할 수 있는 기간과 반송비용에 대한 정책을 세우도록 한다.

물건이 아닌 음식점, 미용, 공연 등의 무형상품인 경우에는 쿠폰번호, 사용기간, 상품명, 내용 등이 핸드폰으로 전송되어 사용할 수 있도록 메시지 정보를 생각해 두는 것이 좋다.

4) 환불정책

대부분의 소셜커머스에서는 쿠폰을 구입한 당일까지만 환불이 가능하며, 익일부터는 환불이 불가능하다. 하지만 국내에서는 최초로 쿠팡이 소비자의 불만을 해소하기 위해서 7일 이내 환불가능 정책을 내세웠으며, 사용 후 상품이나 서비스에 문제가 있으면 확인 후 취소 또는 보상정책을 내세워 고객 만족도가 높았다는 것을 알 수 있다.

소셜커머스에서 저렴하게 구입을 했더라도 고객들의 불만이 높으면 재구매율이 낮아진다. 이런 점을 생각해

환불정책을 잘 세워 고객들의 만족도를 높이는 쇼핑몰이
되어야 한다.

　운영정책을 세웠으면, 그 다음으로 생각해야 할 것이
고객응대이다. 고객응대를 잘할수록 단골고객이 많아져
매출도 향상되며, 회사의 이미지도 좋아진다. 고객응대
방법에는 여러 가지 방법이 있다. 그중에서 가장 중요한
것은 전화와 게시판이다.

　① 전화
　전화는 고객의 궁금증을 가장 빠르게 해결해 주는 수
단이다. 또한 고객의 목소리로 불만이나 호의적인 감정이
담긴 내용을 전달 받아 바로 피드백을 받을 수 있는 수
단이기도 하다. 그렇기 때문에 친근하고 상냥한 목소리
로 응대해 불만이 가득한 고객들에게 좋은 이미지를 심
어 주는 것이 중요하다. 고객센터 전화번호는 사용자들
이 사이트에 접속해 바로 볼 수 있게 메인 페이지나 풋터
(footer) 메뉴에 삽입하는 것이 좋다.

② 게시판

주로 상품문의나 배송문의를 할 경우에 고객들은 게시판을 이용한다. 전화로 하기에는 번거롭고, 게시판을 통해서 즉각적인 답변을 얻을 수 있기 때문이다. 그래서 고객의 질문에 답변이 늦어지거나 답변을 작성하지 않는다면 고객들의 불만은 높아가며, 회사의 이미지도 나빠진다. 그러므로 신속한 응대와 친절한 상담은 쇼핑몰의 필수적인 성공요인이 된다.

고객이 똑같은 내용으로 계속 문의를 해온다면 '자주 묻는 질문' 또는 'Q&A 게시판'을 만들어 고객이 가장 많이 하는 질문들을 미리 작성해 놓으면 똑같은 내용의 문의가 줄어들어 고객응대 시간을 줄일 수 있다.

카페24 세무대행 서비스

소셜커머스 사업자등록을 신고한 후 본격적인 사업자로서 소득이 발생하면 부가가치세, 종합소득세를 신고해야 할 의무가 있다. 그리고 영수증 등의 증빙자료에 의해 거래 사실을 장부에 기록하여 정기적으로 국가에 신고해야 한다.

이런 업무는 회계 지식이 있는 직원을 직접 채용할 수도 있지만, 대부분 세무 내용을 보다 편리하게 신고할 수 있는 세무대행 서비스를 이용하기도 한다.

물론 아는 세무사가 있다면 해당 세무사와 상담 후 계약을 한다. 하지만 아는 세무사가 없다거나 소셜커머스 솔루션을 이용하고 있다면 솔루션의 부가서비스 영역에

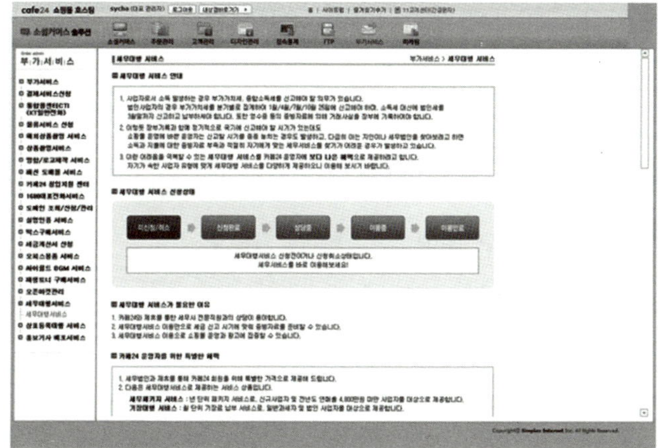

서 세무대행 서비스를 찾아 본인에게 맞는 세무대행 서비스를 이용하도록 한다.

세무대행 서비스는 아래와 같은 사업자들이 이용하면 편리하다.

- 소셜커머스 창업에 필요한 사업자 등록을 해야 하는 경우
- 휴업 및 폐업 신고를 해야 하는 사업자
- 세무에 대한 지식이 없어 체계적인 관리를 원하는 사업자
- 간이사업자에서 일반사업자로 전환되는 사업자
- 쇼핑몰을 운영하기에도 바쁜 사업자

　위의 사업자에 해당된다면, 세무서에서 주요 업무 및 장점들을 살펴보도록 하자.

- 사업자등록증 발급, 통신판매업 신고 실비 대행
- 일용직 신고 대행
- 4대 보험 신고 대행
- 간편장부, 복식장부 작성 및 세무조정
- 부가가치세, 법인세, 종합소득세 등의 증빙자료 준비 및 각종 세무신고
- 재무제표, 부가가치세 과세표준, 면세사업자 수입금액 등의 세무 관련 증명서 확인업무
- 전문 상담원과의 복잡한 세금 관련 상담 및 관리
- 세무 대행 서비스 이용으로 인해 쇼핑몰 운영 집중
- 정기 세무 교육 및 세무 소식지 제공

환불, 교환 등의 약관 설정하기

요즘 소셜커머스 업계의 최대 화두는 '소비자 불만을 최소화하는 것'이다. 여기서 '소비자'란 할인 쿠폰을 구매하는 '쿠폰 구매자'를 의미한다. 2010년 이후, 쿠폰을 구매한 소비자들이 정상적인 가격을 지불하고 서비스 받는 고객들에 비해 차별을 받는다는 불만이 급증하고 있기 때문이다.

또한 할인 쿠폰의 특성상 실물 거래보다는 서비스 거래가 많고, 일정 수 이상의 구매자들이 모여서 할인을 받는 형식이기 때문에 그동안 티켓몬스터, 쿠팡, 위메이크프라이스와 같은 선두업체들조차 구매한 쿠폰에 대한 환불이나 교환이 불가능했다. 서비스 차별에 대한 불만이나 제품 하자에 대한 환불과 교환 절차가 없었기 때문에 이에 대한 불만 역시 높은 상태이다. 최근에 들어서야 선두업체들이 할인 쿠폰 환불과 교환 규정을 만들어 시행하고 있으나, 이 역시 업체들마다 제도가 달라 소비자들이 혼동하기 쉽다.

근래에는 소비자 불만을 최소화하기 위해, 선두업체들을 중심으로 '소비자 보호 지침'을 마련하기로 했다. 소비자 보호 지침은 다음과 같은 내용이 포함될 예정이다.

· 구매 뒤 7일 이내 청약 철회 등 '전자상거래 등에서 소비자보호에 관한 법률'이 규정하는 규정을 철저히 준수한다.
· 소비자가 서비스 유효기간 안에 원활히 이용할 수 있도록 판매자 관리와 이용 안내를 강화한다.
· 판매자 문제로 서비스를 이용하지 못한 소비자에게는 보상 방안을 마련한다.
· 일반 소비자와 소셜커머스 소비자를 차별하거나 광고 내용과 다른 상품을 제공하는 일이 없도록 소비자 권익 보호를 위해 판매자에 대한 소비자 보호 교육을 강화한다.

※블로터닷넷(http://www.bloter.net) '소셜커머스 업체, 소비자 보호 지침 마련한다'(http://www.bloter.net/archives/59196)에서 발췌, 2011.05.04)

따라서 소셜커머스 서비스를 창업한 후 환불과 교환에 대한 약관을 명시해서, 소비자의 혼동을 줄이고 호감을 줄 수 있다. 소비자 약관은 대부분 비슷한 조항으로 구성되므로, 여기에서는 소셜커머스의 대표주자인 티켓몬스

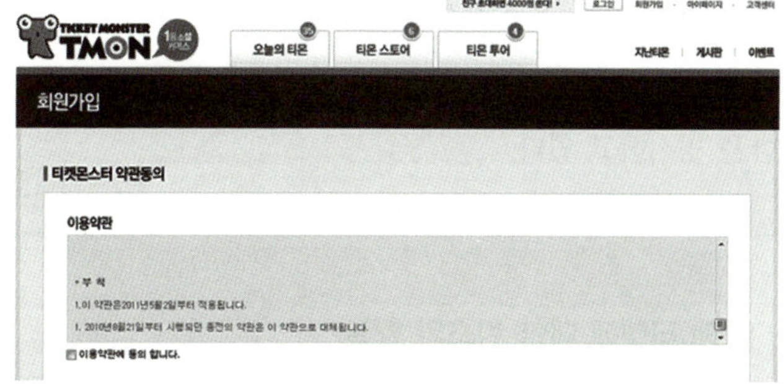

티켓몬스터의 회원가입 페이지의 약관동의 부분

터의 약관 중에서 환불과 교환에 대한 부분을 집중해서 살펴보도록 하겠다.

티켓 사용에 대한 약관

티켓 사용에 대한 환불 규정은 제22조 제1항과 제2항에 나타나 있다.

제22조(티켓 사용)

(1) 이용자는 소셜커머스업의 특성상 개별조건상에 명시된 유효기간 내에 한해서만 업체의 서비스를 제공받을 수 있습니다. 유효기간이 만료된 티켓은 사용할 수 없으며 환불이 불가합니다.

(2) 각 티켓 1매에 대한 이용 가능횟수는 1회로 한정됩니다. 이용자가 발급된 티켓의 액면가를 모두 사용하지 않은 경우, 잔액에 대한 환불은 이루어지지 않습니다.

제1항에 보듯 유효기간이 만료된 티켓은 환불이 불가하다. 또한 제2항에서 액면가에 대한 잔액 환불이 불가함을 명시하고 있다.

구매 티켓에 대한 취소와 환불

제23조는 구매한 티켓에 대한 취소와 환불 규정을 명시하고 있다. 이 조항이 환불과 교환에 관한 가장 중요한 약관이다.

제23조(구매 티켓에 대한 취소, 환불 등)
(1) 회사의 티켓 구매 취소 및 환불 규정은 전자상거래 등에서의 소비자 보호에 관한 법률 등 관련 법령을 준수합니다.
(2) 회사는 이용자가 구매 신청한 재화 또는 용역이 해당 서비스가 정한 개별 조건상의 목표인원을 충족시키지 못해 재화의 인도 또는 용역의 제공을 할 수 없을 때(공동구매 자체가 성사되지 않는 경우)에는 지체 없이 그 사유를 이용자에게 통지하고, 사유발생일 다음날 새벽 12부터 3영업일 이내에 계약해지 및 환급절차를 취합니다.
(3) 공동구매가 성사되어 티켓을 구매하게 된 이용자는 구매내역을 결제한 시점으로부터 7일(청약 철회기간) 이내에 회사에 티켓 구매 청약을 철회할 수 있습니다.
(4) 공동구매 티켓의 판매 기한을 기준으로 공동구매가 성사된 이상, 추후 청약철회로 인하여 당초 정한 최소 구매인원에 미치지 못하게 되었다 하더라도, 일단 성사된 공동구매에는 아무런 영향을 미치지 아니합니다.
(5) 개별 상품 또는 서비스의 성격에 따라 회사는 별도 계약 및 이용 조건에 따른 취소 및 환불 관련 규정을 정할 수 있으며, 이 경우 별도 계약 및 이용 조건상의 취소 및 환불 규정이 우선 적용됩니다.
(6) 회원의 단순 변심에 의한 취소 및 환불일 경우 이의 처리에 발생하는 수수료는 회원이 부담합니다.

제23조 제1항에서는 구매 취소와 환불 규정이 소비자 보호에 관한 법률 등 관련 법령을 준수함을 명시하고 있다. 이는 반드시 명시하는 것이 좋다.

제2항은 공동구매가 성사되지 않았을 경우의 환불에 대한 절차로서 서비스의 특성을 반영한 약관이므로 반드시 명시해야 한다.

제3항은 구매한 티켓에 대한 환불 규정으로 티켓몬스터는 결제 시점으로부터 7일 이내 구매를 취소할 수 있음을 명시하고 있다.

또한 판매가 완료된 이후 구매 취소로 인해 공동구매 목표인원보다 구매인원이 미달되게 되더라도 공동구매는 성사됨을 제4항에서 명시하고 있다.

제5항은 거래 품목에 따라 별도의 약관을 제정할 수 있고, 별도로 제정된 약관이 우선 효력을 지니게 된다는

것을 명시한다. 소셜커머스가 대부분 판매자와 제휴하여 추진하는 경우가 많으므로, 판매자의 요청에 의해 별도의 약관을 필요로 하는 경우가 많다. 따라서 제5항과 같은 약관을 마련해야 분쟁을 최소화할 수 있다.

제6항은 구매취소나 환불이 일어났을 경우 수수료 부담에 대한 항목이다.

제7항은 신용카드 결제 시 구매 취소와 신용카드 취소가 동시에 시행되지 않음을 명시하는 것이다. 신용카드에 따라 실시간으로 결제 취소가 일어나지 않는 경우가 있으므로 해당 조항은 반드시 명시하는 것이 좋다.

특수한 경우에 대한 환불 특칙

소셜커머스의 거래들의 특징상 특정 업종에서는 환불 규정을 별도로 만들어야 할 경우가 있다. 티켓몬스터에서는 다양한 업종에 대한 할인 쿠폰을 거래하므로 제23조의 2, 제23조의 3, 제23조의 4 등 3가지 특칙을 만들어 이를 명시하고 있다. 소셜커머스 사업모델과 기획방향에 따라 상황에 맞는 특칙을 제정하여 명시하는 것이 좋다.

제23조의 2는 공연이나 여행 같은 특수한 종목에 대한 환불 규정을 마련한 것이다. 제1항에서는 공연이나 여행패키지 같은 경우는 티켓 자체의 가치가 시간의 경과에 따라 달라지므로 가치가 달라지는 건에 대해서는 회사(티켓몬스터)의 환불은 불가함을 명시하고 있다.

제2항은 실제 제공되는 서비스의 품질은 제휴업체의 책임임을 명시하고 있다. 그러나 약관은 이렇다 하더라도 제휴업체가 서비스에 대한 책임을 다하지 못할 경우 회사에 대한 평도 감점요인이 될 수 있으므로 제휴업체의 관리에 신경을 써야 한다.

제23조의 3은 그 외 명시되지 않은 업종에 대한 환불 규정으로, 환불에 대한 별도의 규정이 있을 경우 티켓 구매 시 약관에 대한 동의를 받아야 함을 명시하고 있다.

제24조는 서비스가 아닌 실물을 구매하였을 경우에 대한 환불 규정이다. 최근 들어 소셜커머스 사이트에서도 할인 쿠폰이 아닌 실물을 직접 할인하여 제공하는 상품이 늘어나는 추세이다. 이럴 경우 실물 구매에 대한 환불 규정은 일반 온라인 쇼핑몰에서의 환불과 교환 규정을 준수해야 한다.

제24조는 소셜커머스를 통해서가 아니라 제휴업체를 통해 직접 구매하였을 경우에 회사가 환불에 대한 책임이 없고 제휴업체에 책임이 있음을 명시하고 있다. 당연한 규정인 듯하지만, 이런 분쟁이 실제로 많이 일어나기 때문에 약관에 명시하고 동의를 받는 것이 좋다.

소셜커머스 창업 7일 만에 끝내기

펴낸날   **초판 1쇄 2011년 8월 31일**

지은이   **김선태 외**
펴낸이   **심만수**
펴낸곳   **(주)살림출판사**
출판등록 **1989년 11월 1일 제9-210호**

경기도 파주시 교하읍 문발리 파주출판도시 522-1
전화   **031)955-1350**   팩스   **031)955-1355**
기획·편집   **031)955-1372**
http://www.sallimbooks.com
book@sallimbooks.com

ISBN   **978-89-522-1628-1   13320**

※ 값은 뒤표지에 있습니다.
※ 잘못 만들어진 책은 구입하신 서점에서 바꾸어 드립니다.

책임편집 **박종훈**